夢與現實相反嗎？
你有所不知的

What a dream really means?
You'll never know.

夢境大解析

i-smart

智學堂
智慧是學習的殿堂

國家圖書館出版品預行編目資料

　　夢與現實相反嗎?你有所不知的夢境大解析 /
李長博編著. -- 初版. -- 新北市:智學堂文化,
民103.04　面;　公分. -- (不求人系列;10)
　　ISBN 978-986-5819-29-3(平裝)
　　1.夢 2.解夢
　　175.1　　　　　　　　103003425

不求人系列:10

夢與現實相反嗎?你有所不知的夢境大解析

編　　著 ── 李長博
出 版 者 ── 智學堂文化事業有限公司
執行編輯 ── 林于婷
美術編輯 ── 蕭佩玲
地　　址 ── 22103　新北市汐止區大同路三段一百九十四號九樓之一
　　　　　　　TEL　(02)8647-3663
　　　　　　　FAX　(02)8647-3660

總 經 銷 ── 永續圖書有限公司
劃撥帳號 ── 18669219
出 版 日 ── 2014年4月

法律顧問 ── 方圓法律事務所　涂成樞律師
cvs 代理 ── 美璟文化有限公司
　　　　　　　TEL　(02)27239968
　　　　　　　FAX　(02)27239668

騰訊讀書
BOOK.QQ.COM
華夏原創網
www.yuanchuang.com

What a dream really means? You'll never know.
夢與現實相反嗎？你有所不知的夢境大解析

Chapter 1
什麼是夢

Chapter 2
常見夢境

What a dream really means? You'll never know.
夢與現實相反嗎？
你有所不知的 夢境大解析

Chapter 3
關於健康

Chapter 4
關於愛情

What a dream really means? You'll never know.

夢與現實相反嗎？
你有所不知的 夢境大解析

Chapter 1
什麼是夢

What a dream really means?
You'll never know.

What a dream really means? You'll never know.
夢與現實相反嗎？你有所不知的 夢境大解析

夢的定義與特徵

　　夢既司空見慣，又神祕莫測；既虛無縹緲，又真實可見。古往今來，千變萬化的夢境既給人們帶來了歡樂和希望，也給人們帶來了迷惘和惆悵。每個人都有做夢的經歷，夢伴隨人的一生。只要人的大腦還有思維能力，夢就會長久不衰。

　　在生產力比較低下，科技不夠發達的年代，人們對夢的認識十分有限，因而大多把夢與鬼神、靈魂聯繫起來。隨著研究的不斷深入，人們對夢的認識也逐漸科學化、理性化。

　　在古今中外的典籍中，人們給「夢」下了如下定義：

　　《墨子》中說：「夢，臥而以為然也。」也就是說夢是一個人在睡眠中認為自己看見了什麼，以為發生了某些事情，是睡眠過程中的一種現象。

　　《說文解字》中說：「夢，寐而有覺者也。」即認為夢是睡眠中的一種感覺。

精神分析學家佛洛伊德在《夢的解析》一書中說：「夢是一種受壓抑的願望經過變形的滿足。」

　　湯普森在《生理心理學》中說：「夢是正常的神經病，做夢是允許我們每一個人在我們生活的每個夜晚能安靜地和安全地發瘋。」

　　《現代漢語詞典》將「夢」解釋為「睡眠時局部大腦物質還沒有完全停止活動而引起的腦中的表象活動」。

　　《現代科學技術詞典》解釋說：「夢是睡眠或類似睡眠狀態下在意識中發生的一系列不隨意視覺、聽覺和動覺表象，以及情緒和思維活動。」

　　《簡明不列顛百科全書》對「夢」的解釋如下：「夢是入睡後腦中出現的表象活動。對夢的本質認識各異，或認為夢是現實的反映，預見的來源，祛病的靈性感受，或認為夢也是一種覺醒狀態，或把夢視為一種潛意識活動……」

　　雖然古今中外致力於夢的研究者對夢的定義都有不少高見，但依然很難給「夢」下一個簡單、科學、令人滿意的定義。

　　我們只能盡量用科學嚴謹的態度來對「夢」的特徵

進行分析：

　　一、夢是一種主體體驗，是人在睡眠中產生的心理現象，包含影像、聲音、思考、感覺等多種形式，通常都是非自願的。

　　二、夢是一種意象語言。人在夢中出現的意象包括現實生活中的事物和超現實的事物，前者如生活中的具體場景、器具以及真實存在的個人及其他生物等，後者如人們在頭腦中臆想出來的鬼神、妖怪、外星人以及尚未被發現的事物等。

　　三、夢境常常是荒誕離奇、雜亂無章而無規則非邏輯的，這是由於做夢的時候人們不像清醒狀態那樣按通常的邏輯程式思維。佛洛伊德在《夢的解析》中說：「夢具有許多獨特性和荒謬性。」

　　四、夢能夠影響人們的現實生活。夢境能夠激發藝術創作上的靈感，如中國眾多古典文學作品都與夢境有關；而一些噩夢卻會使人產生不悅的感覺，甚至會令人因長期噁心、恐懼、絕望而痛苦不堪。

　　我們認為，夢是人在睡眠時，由於局部的大腦組織尚未完全停止興奮活動，而引起的一種頭腦中的表象活

動，是人的一種心理活動，也是客觀事物在人頭腦中的反映。不過由於人在睡夢中與平時清醒狀態下有所不同，一些客觀印象也會變得混亂不清，所以夢的內容一般總是呈現著混亂和虛幻的狀態，以想像或虛幻的形式表現出來。

古人的占夢之旅

關於古人做夢的文字記載很多，不論是在史書典籍中，還是在文學作品裡，都有很多關於夢的描述：

《尚書・太誓》中記載著武王伐紂時的明誓之言：「朕夢協朕卜，襲於休祥、戎商必克。」這段文字並未表明武王到底做了一個什麼夢，但在戰爭之際尚能言其夢境，可見武王對夢的重視。《晉書》記載，有一次曹操生病了，晚上做夢忽然夢到三馬同槽而食，醒來後他問謀士賈詡：「孤向日曾夢三馬同槽，疑是馬騰父子為禍；今騰已死，昨宵複夢三馬同槽。主何吉凶？」其實，這個夢屬於兆夢。三馬同槽吃草料，就是三馬啃槽，而「槽」與「曹」同音，這個夢預示著司馬氏將篡奪曹氏權柄，曹操為此深感擔憂。後來，司馬炎篡魏自立，改國號為「晉」。曹操之夢，果然應驗。

《三國志・魏書》記載：東漢永平七年，漢明帝劉莊在夢境中見到一位金色天神，身披金光在金鑾殿中飛

行，漢明帝欲上前施禮，而天神卻一語不發，駕雲西去。明帝不知這個夢境有何寓意，於是在第二天向大臣們求解，太史傅毅回答說：「西方有一位天神，全身金色，人稱為佛，陛下夢到的也許就是他。」明帝聽後心生羨慕，於是召見蔡愔、秦景等人，命他們去西域求取佛法。三年之後，使者以白馬馱回佛教經書，佛教自此傳入中土。

以上都是有史料可考的古人之夢，除此之外，還有很多出現於古代文人筆端的夢境。其中最著名的當屬「莊周夢蝶」。

「昔者莊周夢為蝴蝶，栩栩然蝴蝶也，自喻適志與！不知周也。俄然覺，則蘧蘧然周也。不知周之夢為蝴蝶歟？蝴蝶之夢為周歟？」這段文字出自《莊子·齊物論》，莊子在夢中夢到自己變成了一隻翩翩起舞的蝴蝶，醒來後不禁思索：究竟是莊周變成了蝴蝶，還是蝴蝶變成了莊周呢？另外，在《牡丹亭》、《枕中記》、《南柯太守傳》、《紅樓夢》等文學作品中都有大量關於夢境的描述，而與夢有關的古典詩詞就更多了。比如：

夜來幽夢忽還鄉。小軒窗，正梳妝。

——蘇軾《江城子》

What a dream really means? You'll never know.

夢與現實相反嗎？
你有所不知的 夢境大解析

多少恨，昨夜夢魂中，還似舊時游上苑，車如流水馬如龍，花月正春風。

——李煜《望江南》

僵臥孤村不自哀，尚思為國戍輪台。夜闌臥聽風吹雨，鐵馬冰河入夢來。

——陸遊《十一月四日風雨大作》

從以上古人對夢的諸多記述中，可以得知古人很早就開始了對夢的探索。做夢是人類最普遍的精神現象之一，它不受民族、性別、年齡、貧富、社會等級等諸多外因的限制，人人都會做夢。那些五光十色、光怪陸離的夢境伴隨著人們的生活，其神祕與瑰麗既令人困惑，又引人嚮往。在中國，古人對夢的研究與探索有著漫長的歷史，可大致分為三個階段。

第一階段：

原始社會時期，古人把夢與靈魂聯繫在一起。原始社會生產力水準低下，人們依靠簡單的思維與強健的身體生存，日出而作，日落而息。晚上，當他們在洞穴中睡覺時，也許會夢到自己正和同伴一起在叢林中追捕獵物。這樣的夢令他們感到恐懼，因為此時他們的身體仍在洞穴

中。所以，原始人逐漸形成這樣一種觀念：在他們的身體之外，存在一種可以在睡眠時脫離身體的東西，這種東西可以不依附於肉體，甚至在人死之後也會存在。他們用這種觀點來解釋為何他們睡覺時還會到野外打獵，為何能夠在睡眠中見到死去的族人。

原始人透過對夢境的思考，逐漸形成了「靈魂」的觀念，繼而又反過來用這種觀念對夢境進行解釋，也就出現了早期的占夢活動。

第二階段：

夏、商至秦朝，占夢成為國家政治生活中的重要環節。商周時期，古人對夢境越來越重視，占夢活動逐漸頻繁。在現今出土的殷墟甲骨中，有大量關於殷王占夢的記載；周人滅殷之後，周王對占夢的態度更加嚴謹，凡國家大事都要問卜後才定，不過當時還未出現專門的占夢官。

春秋時期，人們對夢境的兆示作用更加深信不疑。《左傳・昭公七年》記載：衛卿孔成子和史朝先後夢見衛國的先祖康叔對他們說一定要立元為國君，所以，在衛襄公死後，孔成子果真立元為國君，即衛靈公。他們之所以以夢為根據，是因為他們相信這樣的夢境其實是祖先在向

What a dream really means? You'll never know.
夢與現實相反嗎？你有所不知的 夢境大解析

自己傳達旨意。

戰國時期，社會變革日深，各種思想空前活躍、百家爭鳴，儒、法、道、墨等流派紛紛著書講學，占夢在統治階級中的影響日漸萎縮，但由於夢本身的神祕性尚未被揭開，所以占夢活動的重要性仍然不容忽視。

第三階段：

秦漢之後，占夢逐漸從官方神學轉為世俗迷信。秦漢之後，占夢已經不再像殷周時期那樣作為國家制度而存在，逐漸喪失了作為官方神學的權威地位。但是，占夢仍然保持著自身的特點，並與逐漸發展起來的其他宗教，如佛教、道教等相互融合、相互滲透，成了民間迷信的重要組成部分。作為卜卦、算命、風水、面相等民間方術中的一種，占夢的形式更加複雜、細緻，並且帶有一定的圓滑色彩，先秦時期占夢的莊重與嚴肅性已大為減弱。

隨著社會的進步與生產力的發展，至唐宋之後人們對占夢之術不再輕信。城鄉集鎮、廟會等場所相面、算卦的人隨處可見，掛牌占夢的卻比較鮮見，即便如此，占夢之說仍然深刻地影響了人們的生活。

占夢、祭祀與政治

　　據說，中國歷史上最早開始占夢的人物是黃帝。按照皇甫謐在《帝王世紀》中的記載：「黃帝夢大風吹天下之塵垢皆去，又夢人執千鈞之弩驅羊萬群。」

　　帝寤而歎曰：「風為號令，執政者也；垢去土，后在也。天下豈有姓風名後者哉？夫千鈞之弩，異力者也；驅羊萬群，能牧民為善者也。天下豈有姓力名牧者哉？」根據這個夢境，黃帝果然得到了風後和力牧兩位名臣。

　　當然，這只是一則神話傳說，真偽無法考證，但卻說明遠在上古時期古人便已開始占夢。

　　殷商時期，夢與占夢有了可靠的文字記載，甲骨文中的史料都能證明占夢自出現之始就與政治有著千絲萬縷的聯繫。

　　夢本來只是一種心理現象，卻為何會被拉入政治舞臺，甚至在商周時期成為一種政治制度呢？在此，不妨以更加客觀、理性的角度來分析一下占夢活動對古代政治的

影響。

一、夢境與君權神授

高祖，沛豐邑中陽里人，姓劉氏，字季。父曰太公，母曰劉媼。其先劉媼嘗息大澤之坡，夢與神遇。是時雷電晦冥，太公往視，則見蛟龍於其上。已而有身，遂產高祖。

——《史記·高祖本紀》

光武帝召馮異日：「我夢乘龍上天，覺悟（醒來），心中動悸。」異再拜，賀曰：「此天命發於精神。心中動悸，大王慎重之性也。」

——《東觀漢記》

誠如上面兩段史料，倘若劉媼果真有「夢與神遇」的離奇際遇，那麼漢高祖劉邦當是蛟龍之子，也就是所謂的「天子」、「龍種」了；假如光武帝「乘龍上天」的夢境屬實，那麼非嫡子嫡孫的光武帝繼承大統也算是受命於天了。

不論這些夢境是否屬實，它們都是帝王乃「天命所歸」的有力證據。

古代帝王都自居「天子」，為了昭示自己統治天下

的地位的合法性，他們常常利用夢的形式，以使百姓認為自己得到了上天神靈的任命，是真命天子，進而換取宗法的認可，虜獲百姓的擁戴。

二、夢境與天賜良臣

古人的夢境往往有一些固定可循的模式，君王夢得賢臣是其中一種。與前文中提到的黃帝夢得風後、力牧一樣，史料中還有關於殷高宗武丁根據夢中人物形象得賢臣傅說、周文王姬昌夢飛熊得姜尚的記載。

這些流傳甚廣的夢境一方面讚美了君主求賢若渴的德行，另一方面則昭示君王之德得到上天的認可，故而托夢相助。

除此之外，這些占夢說辭對賢臣能士也大有裨益。因為這些人雖然有過人的才華，卻大多是平民出身，在重視出身的古代社會，君王的夢境無疑能使這些賢臣的出身顯得更加高貴。

三、夢境與政治鬥爭

前面已經提到過，周武王伐紂之前曾經言明自己在

What a dream really means? You'll never know.

夢與現實相反嗎？你有所不知的 夢境大解析

夢中接受了神的旨意。這類故事並不少見，比如《南史·陳本紀》載：「後主又夢黃衣人圍城，乃盡去繞城橘樹。又見大蛇中分，首尾各走。」後人在解釋這個夢時常常認為黃衣人自然指身著黃袍的隋朝帝王，而「大蛇中分」也是亡國的徵兆。

其實，這類夢境多源於後世的統治者，既然已有神旨，且亡國已是必然，那麼武王滅紂、隋來滅陳也就都算是上天的安排了。

四、夢境與愚民政策

以上諸多說夢占夢的言論，無論是為了論證帝王是「天子貴冑」，還是為不同政治勢力的權力鬥爭尋找合理的外衣，都是為了得到普通百姓的信服。所以，從這個角度而言，古代統治階級對占夢之說的重視正是為了愚弄、安撫百姓，以得到百姓的認可和擁護。

古代科學水準比較低，百姓所受的教育又非常有限，所以，他們對那些自己無法解釋的夢境感到困惑，而統治者又常常用多種解夢方法故弄玄虛，這使大多數人會選擇相信統治者相對權威的解釋，而放棄自己思考。

其實，夢本身並沒有什麼政治意義，即使夢的內容與政治有關，大多也不過是人的心靈對現實生活的反映。將夢與政治掛鉤，只是統治者為鞏固自己的政權所採取的一種有意識的手段罷了。

夢天的徵兆

任何文化都會有一個核心，它高度凝聚了文化創造者的體驗。西方文化的核心是基督教義，是神。而中國文化的核心是天。夢見天祥，便意味著萬事大吉，因此，中國古代占夢者總是把夢天的徵兆放在首位，藉此來推測吉凶。

一、天的文化意蘊

根據中國古代文獻記載，天誕生於殷周之際。在當時，天的地位十分尊貴，代表著一種深廣的文化含義。周公旦在《尚書・周書》中提及對殷的征伐時，常以天的名義。周文化的核心是「以天為宗，以德為本」。這裡的天，是歷史意義上的天，而不是宗教意義上的天，因此並不具有神明的意義。

所謂天命，其實就是取決於民心。民心的向背，即反映著天命的輪迴。而民心向背，並不依賴於神，而有賴於統治者的德行。

春秋戰國時期，是中華民族第一次民族大融合、文化大衝突的時代，在這一時期，天的意義發生了巨大改變，它的核心意義已經不是殷周之際的天取代帝，而是重新賦予了新的文化含義。

　　根據《周易》的解釋，這時人們把天和地看成是一對，天是地的男性配偶。在解釋《周易》時，人們常把《乾卦》看做天的代表，而把《坤卦》看做地的代表，逐漸地，天成為了剛、陽、男等一系列觀念的代名。

　　後人在闡述《周易》中陰陽變化的哲學觀念時，常以天代表男性，如《周易・歸妹・象》說：「天地感而萬物化生。」「天地不交而萬物不興。」這裡的「天」、「地」是指男女，「感」、「交」則是男女性行為的術語。

　　在《呂氏春秋・有始》中，天也被看做地的男性配偶，其中說：「天地有始，天微以成，地塞以形。」《淮南子・精神訓》中的創世神話也把開天闢地的神仙描寫成了男女二神，認為天地就是一對交合的夫婦。

　　「運從天降」是民間的一句口頭格言，在中國古代的傳說中，天被描繪成一個掌握著人類生命的神靈，它會

根據人們的功過是非，以夢的形式，分別降下災難或者好運。

「天是人類的父母，是人類的保護神，所以人們在憂傷或難過時都會喊天，這正如人生病時，或者苦惱時依戀父母一樣」。這就是屈原的《楚辭》中有關人們崇拜上天的記載。

二、夢天的吉凶兆象

在《敦煌遺書》中的《解夢書》一文中，詳細記載了四十一條吉凶徵兆，這包括夢見天、天帝、天崩、日、月、星、雪、霜、露、雷、雨等內容，核心解夢語句如下：

夢見飛上天，生貴子。

夢見天亮，喜事臨門。

夢見看天空，將會長命。

夢見玉皇大帝，大吉大利。

夢見天空，將會收穫錢財。

夢見天空垮塌，今年有大荒。

夢見太陽月亮，將會被赦免或原諒。

夢見太陽或月亮照射身上，將會大富大貴。

夢見祭拜太陽或月亮，大吉大利。

夢見星星，會有口舌之爭、打架糾紛。

夢見流星，住宅不安寧。

夢見下雪，會得到官位。

夢見霜露，為死喪憂愁。

夢見雷雨，會吃到酒肉。

夢見日月隱藏，會有災禍。

在《敦煌遺書》中，還記載了其他一些關於夢天的
徵兆：

夢見日月和北斗，事情會失利。

夢見日月運行，將會獲得別人的原諒。

夢見穿著日月，大富大貴，或生貴子。

夢見太陽初出，名位提升。

夢見太陽發光照身，大吉大利。

夢見背著日月，地位、權勢會極其顯貴。

夢見太陽，願望會順利實現。

在上古時期，人們的認知水準還未達到足夠高的程

度，無法理解天象變化的真正原因，所以就會把自然界中各種神奇的現象理解為上天的力量。

他們會把彗星、流星、日食、月食等奇異天象看做是要發生某種災禍或者喜事的預兆。這是一種迷信，在《殷墟卜辭》中有這樣的記載。

「癸酉貞日夕又食，佳若。癸酉貞日夕又食，匪若。」意思是說這天發生日食是好事還是壞事？這就是把日食看成是預示某種吉凶的徵兆。

後來出現的占星術，即人們利用日月星辰來進行占卜，也成為人們判斷吉凶的標準之一。

此外，人們也透過天體的陰晴圓缺來判斷吉凶。在《敦煌遺書》中《又別解夢書一卷》「天部第一」一文中就有如下記載：

夢見天門，會顯貴且長命。

夢見天上有人下來，大吉大利。

夢見天空，患禍會消除。

夢見天空破裂，必有戰爭。

夢見飛上天，大吉大利，生貴子。

夢見天空炎熱，必有戰事。

夢見天陰下雨，身體患病。

夢見天空變成白色，禍患除去。

夢見雨淋佛和塔，所求的事不順。

夢見雲彩青色，會富貴；雲彩紅白色，有災禍。

夢見春夏下雨，吉利，秋冬下雨，不順利。

夢見北斗星，會有憂患。

上述語句主要是講夢見天上雲氣的吉凶徵兆。

上古時期的人們是為了生產而觀察天象的，就是簡單的預知風雨雷雹。而在戰國秦漢時期，氣象觀察則被看成了神術，被納入了占星術，原有的氣象學的價值便蕩然無存了。

氣象占卜中最主要的是占雲氣，占雲氣就是根據雲氣的形態色相判斷吉凶。這種根據雲氣判斷吉凶的做法，也肯定會在人們的頭腦中積累下來，進而也會在夢中反映出來。

中國古代的占夢和占星有很大的聯繫，人們認為天地日月星辰都有神性，它們主宰著人類的活動，預示著人事的吉凶禍福。

What a dream really means? You'll never know.

夢與現實相反嗎？你有所不知的 夢境大解析

　　為了預測人事，人們制定了許多天象，諸如日月食、流星、彗星等，稱之為「天變」，一旦發現天變，甚至於夢見天變，人們便十分驚恐，惶惶不安，而求助於神靈保佑，以解除災難。

夢地和相地、相地術

除了天，地在中國古人心中也具有很高貴、很神聖的地位。

「古者伏羲氏之王天下也，仰則觀象於天，俯則觀法於地，觀鳥獸之文，與地之宜，近取諸身，遠取諸物，於是始作八卦。」這段話出自《周易・繫辭下》，它反映了古代人民對觀天相地的重視，而且指出了八卦也是從相地術中產生的。正是由於地在中國古人心目中的特殊地位，所以，占夢和相地都對地十分重視，並且兩者又有內在的聯繫。

一、中國古代相地術

八卦中的坤代表地，《周易・坤卦》和《說卦》中都有有關地的高度評價。

正是由於受到了《周易》的影響，凡是動土興工，都要先看地形，風水合適，然後才進行下面的工程。由於

先民受到自身認知水準的約束，所以才會有「相地得宜，則宅邑平安，人丁興旺，子孫多福；相地失宜，則宅邑鬧鬼，衰敗蕭條，殃及子孫。」的說法。

在先秦的古代文獻中就有很多看地形而興土木的記載，雖然其中也反映出人們對於天命鬼神的畏懼，但相地術卻蘊涵了先民樸素的唯物觀。

《尚書·盤庚》中有段記載商王盤庚遷都於殷的話，大意是說上天讓我們在這裡建造新的都城，我們的國家會在這裡永遠繁榮富強。從表象上看，盤庚還是根據上天的意志來遷都，但深層原因其實是由於當時的部落戰爭和當地的氣候等因素讓盤庚決定遷都的。

周人也曾多次遷都，每次相地相宅，都是先選擇合適的築城環境，占卜吉兆後再建造房屋。

在《詩經·公劉》中提到了利用土圭和日影測定方位的方法來相地，從這一點上可以看出，周代的相地之術基本上是科學的，雖然在觀念上還稍微有些迷信。

但是從秦漢開始，相地術卻逐漸迷信了起來，它的根據有三：一是認為祖墳位置和方位關係到子孫後代的前途；二是與陰陽五行理論相結合；三是把建造宮室墓穴的

規劃和天體運行聯繫起來，產生了「黃道」、「太歲」、「月建」等忌諱。

漢朝王充在《論衡・四諱篇》記載了一條叫做「西益宅」的建房規則，他在書中說：「一日諱西益宅，西益宅謂之不祥，不祥必有死亡。相懼以此，故世莫敢西益宅。」它的大意是說，向西邊擴建房屋是有所忌諱的，但實際上，這根本就是子虛烏有的事情。

《論衡・諫時篇》還有有關「太歲頭上動土」的忌諱。書中說，假如動土興工的年、月，正好是太歲在子之年，月建在寅之月，則在地上子位、寅位動土，就要殃及酉位、巳位的居民。

魏晉以後，相地術的特點是越來越重視墓地的選擇，相地著作也多以「葬經」命名。比較重要的有晉人郭璞的《葬經》、《青烏先生葬經》、《黃帝宅經》、《葬經翼》等。

相地術在中國源遠流長，深入民間。它濫觴於先秦，發展於秦漢以後，同時又增添了不少迷信色彩，這不僅為風水先生所利用，同時，不少占夢家也將相地的方法應用到占夢中。

What a dream really means? You'll never know.

夢與現實相反嗎？
你有所不知的 夢境大解析

二、夢地的吉凶取向

《敦煌解夢書》的《地理章第二》中有關於夢地的
吉凶取向的記載：

夢見大地，運氣好轉。

夢見大地深陷，住宅不安寧。

夢見大地光芒閃耀，大富大貴。

夢見躺在大地上，財力更加強盛。

夢見有人掃地，有官司纏身。

夢見運土入屋，大吉大利。

夢見身上有土，大吉大利。

夢見挖土，將會得到官位。

夢見身體陷入泥土，大吉大利。

夢見衣服濕髒，有災禍。

夢見壁牆，會惹上官司。

在《敦煌遺書》的《解夢書》中，也有一些夢地的
內容：

夢見廳堂有濕潤的泥土，有喪事。

夢見身體落地，失去官位，有不好的事情發生。

夢見火從地下冒出，會患病。

夢見大石頭，財富滾滾而來。

夢見大地被劈開，收成不好。

夢見土在心腹上，痛失子孫。

夢見買地，大吉富貴。

夢見居高臨下，大富大貴。

　　上述語句，可以說是敦煌人對土地崇拜的集中表現。土地是人們生存的基本條件，離開土地就無法生活。

　　傳說，周人的始祖是大地之神薑嫄。

　　眾所周知，周人的農神為後稷，稷和其他穀類作物全部生長於大地，它們是以大地為根基的，在《詩經・大雅・公劉》中，「原」就是是遼闊的土地的意思。所以史書上說後稷是薑嫄之子而薑嫄是農業之神後稷的母親也是有一定道理的。

　　很早以前，中國就有祭地的做法。《禮記・祭法》說：「瘞埋於泰折，祭地也。」上古先民祭祀地神，一開始就把土地神化，直接向土地禮拜，後來把灑滿牲血、

酒、人血的土堆成堆來膜拜。到了之後就又把土地稱為「社神」、「後土」進行崇拜。

　　《敦煌遺書》的《解夢書》中有「夢見種田大富」之說，意思是夢見種田就可以發家致富。《白虎通義》也有「地載萬物者，釋地所以得神之由也。」的記載。但是大地可以孕育一切，也可以毀滅一切，這正如《敦煌解夢書》中說：「夢見買地，大吉富貴。」「夢見地陷者，宅不安。」

　　所以相地術和土地崇拜反映的都是對地的重視。而夢正是這種社會現狀的反映。

夢龍的祥瑞

　　龍在中國是非常受歡迎的神物，甚至是整個民族的圖騰。在所有的動物崇拜中，龍是地位最高的。

　　幾千年來，大旱之際，人們就向龍祈雨；為了房屋、橋樑能更堅固，免受水、火之災，人們把龍裝飾在房屋和橋樑上；遇有男女幸福結合的喜事，則稱之為「龍鳳呈祥」；期望子女有出息，稱之為「望子成龍」；夢中見到龍，認為將來必為尊者和貴人；端午佳節，還要舞龍燈，賽龍舟。在中國人的心中，龍是一個重要的精神象徵。我們都稱自己是龍的傳人。

　　幾千年來，龍就和中國歷史、思想、宗教、神話和民俗的發展融合到了一起，它的含義十分深廣，形象十分壯美，在中國各種《解夢書》中，夢見龍均為大吉大利的貴夢。

　　《敦煌解夢書・龍蛇章第十》記載：

　　夢見龍相爭鬥，有口舌之爭。

What a dream really means? You'll never know.
夢與現實相反嗎？
你有所不知的 夢境大解析

夢見龍飛，身分愈加顯貴。

夢見黑龍，家庭會昌盛。

夢見蛇當道，大吉大利。

夢見蛇虎，富貴吉利。

夢見蛇爬入床下，會得重病。

夢見蛇上屋，有災禍。

夢見蛇咬人，母親會得病或死亡。

夢見蛇盤起，住宅不吉利。

夢見打殺蛇，大吉大利。

夢見砸死鳥，有遠親到來。

夢見飛鳥入屋，有人凶死。

夢見飛鳥自死，有人得病。

夢見白蟲自滅，有倒楣的事情發生。

夢見蛇叫，大吉大利。

夢見蜘蛛捕蟲子，有口舌。

夢見龜，有口舌。

夢見鱉，事情吉利。

夢見魚者，有不祥。

《居家必用事類》中的《解夢書‧夢龍蛇魚鱉等物》一節中，也有有關龍的記載：

夢見龍入市，有貴位。

夢見魚，天下旱。

夢見井中有大魚，得財。

夢見蛇入懷中，生貴子。

夢見射龍，大吉大利。

夢見魚飛，百事散解。

夢見鯉魚，妻子有孕。

夢見駕龍，有祿位。

夢見燕子至，有遠客來。

夢見龜蛇相向，財運到。

夢見蚯蚓，田宅吉利。

夢群魚游水，有財運。

　　以上的記錄很清楚的告訴我們，夢見龍和蛇，多數會是吉祥之夢。

　　在中國上古社會，雖然動物圖騰種類繁多，但所崇拜的動物又大多是可以從現實中找到的，所以這也就告訴

What a dream really means? You'll never know.

夢與現實相反嗎？
你有所不知的 夢境大解析

我們，龍圖騰應該是從蛇發展而來的。

《山海經》中對諸神形象的描述說明，龍蛇在當時並無區別；這蛇身人面、龍身人面實質上是使用以蛇為圖騰的不同部落的圖騰像。而由於部落的地位、強弱、輩分及表現方法的不同，所以雖然圖騰像上主要的特徵一致，但又是有所區別的。

商代時，龍被進一步神化。龍的一些主要的象徵性含義，也是自商周開始，影響了後世幾千年。此時，龍被奉為神物，可兆吉凶，因為龍是代表「天意」的靈物；把龍視作可興風雨的神偶；用龍紋來表示貴賤；又有把龍比做聖人，蛇比做君子，即「聖人喻龍，君子喻蛇」，這亦是龍、蛇崇拜的遺緒。

秦漢以後，就產生了天子由龍生說。《史記》中記載：漢高祖「其先劉媼嘗息大澤之坡，夢與神遇。是時雷電晦冥，太公往視，則見蛟龍於其上，已而有身，遂產高祖。高祖為人，隆准而龍顏，美鬚髯」。

自這個夢後，龍和夢就更緊密的聯繫在一起。漢高祖以後的帝王都會被稱作真龍天子，龍的地位也從此日益尊貴。

在漢唐時期，龍一方面代表帝王，另一方面又被大量地用到到墓室的壁畫和石刻中。

幾千年來，龍就是國家和帝王的代表。同時，龍也逐漸和我們整個民族結合起來，成為中華民族精神的象徵。

不管是在皇宮，還是在民間，龍都有了無窮的力量。

龍這一形象對中華民族的影響以及完美的形象，是任何其他圖騰形象都無法企及的。龍無處不在，夢見龍是吉祥之兆。唐宋以後，夢蛇並不具有夢龍的價值。

美國人愛伯哈德在《中國文化象徵詞典》中記載：「夢見蛇有不同的解釋方法：夢中遭到蛇的追趕表示有好運氣；夢見灰白色的蛇則生兒子。在臺灣，夢見蛇意味著財產將受損失；如果蛇是盤成一圈，圍繞著做夢者，那麼就表示做夢者的生活將要發生很大變化。如果一個男人夢見一條蛇，那麼就表示他又要新交一位女友。」由此可以看出，在夢龍走向神化的同時，夢蛇的象徵進一步世俗化。

從古代各種解夢書來看，龍夢最尊貴，而魚夢、龜

夢、鱉夢等便處於相對卑下的地位，這主要也是為了突出龍夢的價值、地位。

　　總之，龍的形象寄予了中國先民對幸福生活的嚮往，對人格完善的追求，對中華民族的文化產生了深遠的影響。它是中國民眾精神生活中不可或缺的一部分，也表現了中華民族強大的藝術創造力。

夢與自然崇拜

在中國傳統文化中，夢除了與天、地、龍等緊密結合，還在自然崇拜中頻頻出現。這其中又以山、水、火的崇拜為主。

一、山神崇拜

中國是一個山國，山地覆蓋面積很大，馳名天下的名山勝景數不勝數。我們把山看做是祖國的原始象徵，山河、江山都是指祖國。除了象徵祖國之外，山還是政權的象徵，「打江山」和「坐江山」就是分別指奪取國家政權和統治國家。在中國古代，山也受到人們的崇拜。直至今日，我們還在崇拜「五嶽」。從遠古時代起，人們就向這五座山奉獻著自己虔誠。在中國很多民間傳說中，幾乎大多數山上都有凶神。在有些地方，還認為去世的人的魂魄會在山上，所以他們會將貢品也拿到山上。先民還把山崩看做是皇帝將死的徵兆。就像《抱樸子·登涉》中所做：

What a dream really means? You'll never know.

夢與現實相反嗎？
你有所不知的 夢境大解析

「山無大小，皆有神靈。」

《敦煌解夢書·山林草木篇》中也有很多神化山川，崇拜山川的內容，如：「夢見頭戴山，有財運。夢見在山林中行，吉利。」

在《敦煌遺書》的《解夢書》中，也有這樣的記載，如：「夢見上山，所求皆得。夢見坐高樓山岩石，所求皆得。」

《尚書·舜典》裡說，「望於山川，編於群神」的祭祀始於夏，舜「歲二月，東巡守，至於岱宗」，「五月南巡守，至於南嶽」，「八月西巡守，至於西嶽」，「十有一月朔巡守，至於北嶽」。

幾千年來，每個朝代的皇帝都會在封禪祭天地的時候對山神膜拜。在這種人人都崇拜山神的氛圍中，夢山又成為吉祥的了。

二、水火崇拜

水火對人們來說極其重要。如果沒有水火，人就不能生產勞動，更不能生存，也就不會有燦爛的人類文明。所以，水是文明古國的生命之源，如中國古代的悠久文

明，就是由黃河流域和長江流域孕育的。

　　古代的先民只崇拜本地區的河神，他們認為本地區的河流才與他們息息相關系。人們認為河流的動靜都是由河神操縱的，因此不得不祭祀河神。周朝以後，祭河神的情況有了變化。只有民間還在祭拜自己本區域的河神，但是官方卻祭拜天下的名川大河。有時生活用水對我們的先民來說也是個大問題。在這種情況下，他們摸索出了鑿井的方法。

　　《逸周書》說：「黃帝穿井。」《史記・五帝本紀》說：「舜穿井。」

　　《史記・河渠書》記載武帝初年：「發卒萬余人穿渠，自徵引洛水至商顏下。岸善崩，乃鑿井深者四十餘丈，往往為井，井下相通行水。水頹以絕商顏，東至山嶺，十餘里間，井渠之生自此始。」中國先民在兩千多年前，就已經發明了鑿井法。所以，《敦煌解夢書・水火盜賊章第四》說：「夢見穿井者，得遠信。夢見井沸者，合大富。」

　　中國先民認為井水可以通向遠方，看井、穿井就可以得到遠方的資訊。這是因為，在他們看來，敦煌的井就

What a dream really means? You'll never know.
夢與現實相反嗎？
你有所不知的 夢境大解析

像同坎兒井一樣，是由許多的直井和貫穿井間的隧洞所構成，所以才會有以上的想法。

遠古人類最崇拜的火神是祝融，對祂的崇拜最開始是從楚人開始的，後來楚人就一直把祂尊為祖先。因為在母系社會裡，祝融代表著婦女，所以後世祭灶經常以老婦主祭，《孔子家語》說：「夫灶者，老婦之所祭。」正因為灶神在民眾間有較大的影響，所以《敦煌解夢書》裡說：「夢見燃火者，主大吉。」

而且，由於「火」和「活」的發音相類似，所以人們總會在春節的時候，生起很大的火來讚頌財神，以讓財神賜給自己富貴與健康。《居家必用事類》中的《解夢書‧夢水火盜賊等事》有如下記載：

夢見火焰炎炎，發大財。

夢見火燒山野，身分地位顯赫。

夢見眾人圍爐，和睦吉祥。

夢見燃火，大吉大利。

夢見執火乘船，地位顯貴。

在遠古時期，先民很崇拜水神火神，中國各種解夢

書中均有與水火有關的占辭，在《敦煌解夢書‧水火盜賊章第四》中就有如下記載：

夢見在水中，大吉。

夢見落水，大凶。

夢見攔住水，大禍凶。

夢見飲水，會有訴訟。

夢見水，大吉利。

夢見大水，會有婚姻。

夢見執火走路，事情通順。

夢見江湖海水，大昌。

夢見看井，得到遠方的資訊。

夢見在井中臥躺，大凶。

《解夢書‧夢水火盜賊等事》也有記載：

夢見在水上行，大吉大利。

夢見在水上立，有凶事。

夢見水流不休，發大財。

夢見流水澆身，有訴訟牢獄之災。

夢見水流大，將會新婚。

What a dream really means? You'll never know.

夢與現實相反嗎？你有所不知的**夢境大解析**

夢見大水清澄，大吉大利。

夢見跌落水中，大凶。

夢見江湖海水，大吉。

夢見身在水中，有貴人幫助。

吉夢與凶夢

占夢的吉凶又是怎樣劃分的呢？

「占六夢之吉凶」這句話出自《周禮‧春官》，它說的是占夢官的職責。每年冬季他們都要為周朝王室進行「獻吉夢」和「贈噩夢」的儀式。

在《潛夫論‧夢列篇》中，舉出了幾種劃分吉夢和凶夢的方法：如書中說的「清潔鮮好」、「竹林茂美」、「宮室器械新成」、「光明溫和」、「升上向興之象」皆為吉夢；反之，「閉塞幽昧」、「腐爛枯槁」、「傾倚征邪」、皆為凶夢。這些原則，可以在《敦煌遺書》中的《解夢書》和《居家必用事類》中的《解夢書》中得到印證，如吉祥的夢：

夢見水清澄，大吉利。

夢見清水吉，濁（水）凶。

夢見洗髮，大吉，得財。

夢見身上光滑，大吉。

夢見沐浴洗髮，遷官病除。

夢見洗衣服，會有酒食。

夢見沐浴病除，百事順利。

夢見草木茂盛，屋宅興旺。

夢見種樹木，大吉大利。

夢見頭髮花白，大富大貴。

夢見屋宅更新，大吉大利。

夢見起新舍，大吉，得財。

夢見天光照身，病除。

夢見天紅吉，天黑凶。

夢見鏡明吉，鏡暗凶。

夢見塚墓明吉，暗凶。

夢見光明入宅，大貴。

夢見登天入月，大貴。

夢見上天，生貴子。

與此相反的夢兆，則為凶夢，如：

夢見泥塗衣衫，會受屈辱。

夢見身上汗出，大凶。

夢見糞在灶下，有口舌。

夢見樹木死去，會有大喪。

夢見風吹屋動，會患病。

夢見屋棟拆除，會家破。

夢見大地塌陷，房屋不安寧。

夢見黑雲覆蓋地面，會有瘟疫。

夢見墜井、坐井，大凶。

夢見日月落，父母亡。

夢見身落地，失官位，憂、凶。

後來隨著夢兆的迷信色彩越來越濃，占夢的方法也越來越多，只要解釋合理，凶夢可以解釋成吉夢，吉夢也可以解釋成凶夢。

就像《左傳·僖公二十八年》的記載：「晉侯夢與楚子搏，楚子伏己而其腦，是以懼。子犯曰：『吉，我得天，楚伏其罪，吾且柔之矣。』」這就是把凶夢解釋成吉夢的例子。可以說夢的吉凶不是唯一的，是確定的又是不確定的，占夢家也會靈活的判斷夢的凶吉。

What a dream really means? You'll never know.
夢與現實相反嗎？你有所不知的 夢境大解析

占夢與神話

中國傳統文化中，有不少有關占夢的神話故事，流傳深廣的就是殷高夢遇神明，賜給他賢臣傅說和周文王夢得姜太公。這兩則神話故事對後世影響深遠，諸多典籍中都有記載。

一、神以傅說賜武丁

據《國語》和《史記》記載，殷高宗武丁擁有高尚的品德，當皇帝後就立志要復興殷商，可苦於身邊沒有一個賢臣。他十分苦悶，在給父親守孝的三年裡，一句話都沒有說。武丁的孝義感化了神靈。一天晚上，武丁夢見一位囚犯在跟他談話，說了許多關於治理天下的大事。他來不及問囚犯的名字，就被上早朝的鐘聲驚醒了。一上朝，武丁就把夢中所見的那個罪人的形象刻畫在一塊木板上，要大臣們遍訪這個人。

後來，大臣們在北海找到了這個囚徒，他就是傅說。武丁立刻任命傅說為殷商的宰相。傅說做了殷商的宰

相以後，果然把國家治理得井井有條，使武丁實現了復興殷商的夢想。

二、文王夢神賜太公

周文王為了要推翻商朝，為先人復仇，他非常想找一位賢臣輔助自己。《周禮》記載，從文王起，占夢就在周代開始盛行。那時候「占夢」已是周朝裡一個重要的部門，編制有「中士二人，史二人，徒四人」，屬「春官」系統，歸「太卜」領導，掌「占六夢之吉凶」，「以昭救政」。一次，文王讓史給他占了一課，史就唱到：

到渭水邊上去打獵，將會有很大的收穫。

不是螭也不是龍，不是老虎不是熊。

得到個賢人是公侯，上天賜你的好幫手。

周文王遵照這一占辭，帶領著大隊人馬，到渭水邊上打獵，遇一垂釣老者。周文王覺得就是夢中見過的那個老人。經過一番談話後，文王拜他為國師，這就是後來輔佐文王成就大業的姜子牙。

What a dream really means? You'll never know.
夢與現實相反嗎？
你有所不知的 夢境大解析

絢爛的 夢幻文學

在中國文學史上，產生過大量以夢為題材的文學作品。最早的如《詩經》、《左傳》到後來有唐宋的李白《夢遊天姥吟留別》和蘇軾的《江城子‧乙卯正月二十日夜記夢》。此外，唐人傳奇《南柯太守傳》，湯顯祖的《夢臨川四夢》以及《聊齋志異》和曹雪芹的《紅樓夢》都有夢幻文學的影子。

一、先秦的夢占文學

《詩經》是中國最早的用文字記錄的詩歌總集，它反映了周代社會以及人民的面貌和思想感情。

在周代的時候，中國就已出現了占夢官，專門解解夢象的吉凶。《漢書‧藝文志》中認為，占夢是最重要的占卜方法，所以，周代專門設有占夢之官。宮廷和民間都盛行占夢，這在《詩經》中得到了詳細的記載。如《詩經‧斯干》有云：

下莞上簟，上鋪竹席下鋪草，

乃安斯寢。高枕無憂沒煩惱。

乃寢乃興，睡得早來起得早，

乃占我夢。昨夜夢境好不好？

吉夢維何？好夢夢見啥東西？

維熊維羆，是熊是羆顯吉兆，

維虺維蛇，有虺有蛇好運道。

大人占之，太卜占夢細細講，

維熊維羆，夢見熊羆有名堂，

男子之祥。象徵生男有力量。

維虺維蛇，夢見長蛇夢見虺，

女子之祥，那是象徵生姑娘。

《斯干》是周宣王在寢宮落成以後舉行祭祀典禮時樂工們所唱的一首歌。它反映出遠古人類的宗教觀念。歌中唱道，周宣王在這新建成的宮中就寢時，若夢見「熊」、「羆」就會生兒子，而夢見「虺」、「蛇」就會生姑娘。熊代表陽剛的男性，蛇代表陰柔的女性，這都是周人的圖騰崇拜。

其實，周人與夏人早在原始社會時代就有了婚姻關係，當時周人很多都娶姒姓女子做妻子，而姒即為夏人之

後，所以兩族人的原始宗教觀念就產生也糾纏於周朝人為了生養後代而進行的占夢之中。

戰國時期，隨著無神論的盛行，占夢在上層社會的影響力突然減小，這一時期反映占夢的文學作品也越來越少。但關於夢描寫的文學作品還是有很多。如戰國楚人宋玉寫的《神女賦》便是寫楚王的豔遇，後人還以巫山夢或巫山雲雨寫美女，或寫變化莫測，或寫男女之情。

二、唐宋時期的夢幻詩詞

唐宋時期的文學家特別喜愛描寫夢，這是唐宋時期文學藝術的一大特色。

夢詩在人類詩歌中只占較少的篇幅，但夢的描寫卻被唐宋詩人描寫到了極致，其中寫得最美最好的是李白和李賀。他們的記夢詩其實是純正的遊仙詩，詩中意境雄偉，形象奇異多變幻，如李賀的《夢天》詩：

老兔寒蟾泣天色，雲樓半開壁斜白。

玉輪軋露濕團光，鸞佩相逢桂香陌。

黃塵清水三山下，更變千年如走馬。

遙望齊州九點煙，一泓海水杯中瀉。

陸游是唐宋詩人中夢詩寫得最多的人。他的才華不會受到現實生活的束縛，他奇特的想像，構成了他記夢詩最顯著的特點。陸游擅長寫夢，而這也是他詩歌創作的一大特點。「記夢詩，核記全集，共計九十九首。」超過其存詩總量的百分之一。這還只是一個粗略的介紹，陸游詩詞中還有許多寫夢的，在陸游的九千四百多首詩詞中，題目標明記夢的就有一百二十七首，加上其他內容中出現的「夢」的意象共九百九十首，計一千一百零八首。陸游之「夢」包括功名夢、關河夢、夢蜀、夢破、夢想、幽夢、殘夢等意象。例如：

　　「夢回松漠榆關外，身老桑村麥野中。」《感舊》

　　「寧知老作功名夢，十萬金裝入晉陽。」《記夢二首》之一。

　　「雪曉清笳亂起，夢游不知何地。」《夜遊宮‧記夢寄師泊渾》

　　「忽夢行軍太引路，不惟無想亦無因。」《記夢二首》之二。

　　「風雨滿山窗未曉，只將殘夢伴殘門。」《殘夢》

　　「可憐老境蕭蕭夢，常在荒山破驛中。」《貧甚戲

作絕句之六》

「關河夢斷何處，塵暗舊貂裘。」《訴衷情》詞。

「半世無歸似轉蓬，今年作夢到巴東。」《晚泊》

這些詩歌都是對夢境的記錄，而在夢境中，我們可以看到一個真實的憂國憂民的陸游。陸游一生忠君愛國，他所描繪的是自己作為一個忠實篤定的愛國者的「夢」，是自己救國救民的政治夢想和先進的社會理想在現實中得不到實現，無法得到推行與實施的一種心態；同時，這更是得不到別人的理解、共鳴，反覆遭到誤解、打擊、排擠甚至陷害，因而處於濟世無助、壯志難酬的處境，也就不由自主地藉夜晚，藉夢境，藉幻覺甚至白日夢，在無意識狀態下求得心理的寄託。

三、元明時期的夢幻戲曲

寫夢戲的大師有元代的關漢卿和明代的湯顯祖。

關漢卿是大都（今北京市）人，他一生創作雜劇達六十餘種，其中包括《蝴蝶夢》、《緋衣夢》、《西蜀夢》等。例如，《西蜀夢》全名為《關張雙赴西蜀夢》，寫三國時劉備稱帝後，想念關羽、張飛。但諸葛亮夜觀天

象，知二人已死，便不敢告訴劉備。後來關羽和張飛的魂魄向劉備托夢，為他們復仇的故事。

明代戲曲家、文學家湯顯祖的《臨川四夢》在夢戲的創作中佔有重要的地位。

《臨川四夢》包括《紫釵記》、《牡丹亭》、《南柯夢》、《邯鄲夢》。

湯顯祖的戲曲創作中，最顯著的藝術特徵就是「夢幻」，這在《南柯夢》和《邯鄲夢》中表現得尤為強烈。

《南柯夢》的劇情是這樣的，主人公淳于棼在睡夢中被接到槐安國與該國公主結婚成親，治理南柯郡，入朝拜相，但卻荒淫宮廷，最後被遣返回家。此時淳于棼猛然驚醒，才知道他剛才的經歷原來是一場夢，不禁冷汗淋淋，萬念俱灰，頓覺人生無趣，遂出家做了和尚。

《邯鄲夢》寫呂洞賓在邯鄲的一個小飯店裡與盧生相遇，呂洞賓為了點醒盧生，給他送去一個瓷枕。盧生枕著它，就昏睡過去，並做了一個夢。夢中，盧生經歷了結婚、應試、治河、征西、蒙冤、貶謫、拜相、封公、病亡等一生宦海波瀾，五十年人生是非，而一夢醒來，店中的黃粱米飯還未蒸熟呢！盧生這才恍然大悟，接著就跟著呂

洞賓出家，做了一個他身邊的道童。

四、明清時期的記夢小說

　　《金瓶梅》對中國十六世紀後期的社會、人文風貌和道德觀念等各個方面做了全方位的介紹，還「由欲化夢」，發現了夢的理性以及預見性的特徵。而曹雪芹的《紅樓夢》把在小說中寫夢推向了巔峰。它描寫現實的同時，也盡力去塑造一個夢幻中的理想世界。

　　現代文學家的藝術創作直接受到了明清時期的記夢小說的影響，在魯迅的《狂人日記》、郭沫若的《殘春》、茅盾的《子夜》中，都有不少對夢的描寫，他們透過寫夢來表現現實中的矛盾與問題。

破除迷信，科學解夢

　　解夢首先是一種藝術。因為夢是一種客觀的東西，具有其客觀內容和性質，需要用客觀的態度面對、認識和解釋它。同時，夢也包含著主觀成分在內，需要我們用知識和智慧，認真地、耐心地研究它。

　　科學解夢是件複雜而細緻的工作，它所需要廣博的知識。解夢這門藝術，有時還要求解夢者具有客觀的直覺、主觀的感覺和睿智的情感。而我們要達到科學解夢的目的，必須要有一個艱苦磨練的過程。

　　解夢，重要的是我們能從這解釋中得到什麼。其實，任何一個夢都不可能有絕對科學合理的解釋。因為夢不是我們這個世界的聲音，它來自另外一個世界，而生活在我們這個世界的人終究要以這個世界的眼光來看待夢。但是，如果我們在解釋另外一個世界的聲音時，能獲得某種意義，以致於影響到現實世界的生活，便有了價值。

　　一個夢的背後，蘊涵著夢者多年的生活積澱，不是

其他人能夠瞭解的。一個人的潛意識，也只有自己能夠讀懂，因此，最好的解夢者其實就是夢者自己。

解夢有時還可以達到意想不到的效果，讓你有意外的收穫。比如夢見陪男友一起踢球，可以把夢境告訴男友，男友會意識到這是在告訴他——他冷落你了，進而達到委婉提醒他的效果。

我們有時會因為現實中一些無法實現的願望和夢想而感到焦慮、不安、壓抑，這樣的願望在夢中實現時，我們會於睡眠中體味欣喜，而這種感覺會延續到我們醒來以後。於是，現實中無法實現願望的壓抑，就在夢中得到了緩解。這也有利於我們保持一個良好的身體和心理狀態，更好的工作、學習和生活。

我們解釋自己的夢時，面對的是潛意識狀態下的自己。也就是說，是意識狀態下與潛意識狀態下的我們，透過夢來對峙。隨著我們解夢水準的提高，我們所做的夢也就越來越複雜越來越難以解釋。我們必須付出更多的努力與艱辛的探索，才能更好的理解它詮釋它。

至於為什麼夢境要伴隨我們一生，這就是自然選擇和人類進化過程有意識的安排了。

Chapter 2
常見夢境

What a dream really means?
You'll never know.

做夢時為何出現鬼壓身

　　這是另一種潛睡眠，出現這種情況跟周圍的環境有關，一是磁場，二是噪音，三是身心，如呼吸、心臟、血壓等。自身也有心理原因。出現這種情況處置的方法是當它不存在，繼續睡，不去在意它，進入深度睡眠後，現象就消失了。試著不要讓自己太累，不要熬夜，維持正常的作息通常就會減少發生的機會。

　　有人睡醒後，述說自己睡夢中的情況，簡直是「鬼壓身」，好痛苦、好害怕，說者繪聲繪影，聽者不寒而慄。

　　所謂「鬼壓身」，絕對不是鬼壓床，更不是鬼纏身，事實上是罹患了睡眠障礙的疾病。「鬼壓身」的現象，在睡眠神經醫學上是屬於一種睡眠癱瘓的症狀，患者在睡眠當時，呈現半醒半睡的情境，腦波是清醒的波幅，有些人還會並有影像的幻覺，但全身肌肉張力降至最低，類似「癱瘓」狀態，全身動彈不得，彷彿被罩上金鐘罩

般，也就是一般人所謂的「鬼壓身」的現象。

　　「猝倒型猝睡症」的患者，最常發生「鬼壓身」的狀況，此型患者隨時可以入睡，隨時呈現半醒半睡情境，經常產生「入睡幻覺」，夢見怪異的人、事、物。患者清醒的時候，每當興奮、大笑，或憤怒時，會突然感覺全身無力而有倒下的現象。

　　有一位中年婦女，常發生「鬼壓身」的情況，睡眠品質不好，以為上班時間工作壓力大，下班後家務太繁重，後來辭去工作，減少家務，結果睡眠並未改善。經二十四小時多功能睡眠生理檢查，在午夜睡眠時，患者突然感覺一股莫名其妙的力量直逼全身，夢境怪異恐怖，想叫又叫不出來；想起身，或張開眼睛，卻無法動作；心中一直吶喊，卻無法開口說話，發不出聲音；全身肌肉張力癱瘓，耳邊一陣陣嗡嗡作響，一陣陣的力量壓在胸腔，自己無論如何使力，都使不上力，一直掙扎數分後，最後才能緩緩使力，直到驚醒，醒來發現滿身大汗。接著又做五次「多次潛睡試驗」，在睡眠結束前數分鐘，發生兩次睡眠癱瘓，突然全身不停地輕微抖動，無法出聲，她又發生鬼壓身的現象了，此時旁人，立即用手碰她，她即清醒恢

What a dream really means? You'll never know.
夢與現實相反嗎？
你有所不知的 夢境大解析

復正常。此婦女在未就醫之前，就常告訴枕邊人發現她有上述情況時，立即叫她一聲或拍她一下，讓她清醒就沒事了。

我們的睡眠週期依序是由入睡期、淺睡期、熟睡期、深睡期，最後進入「快速動眼期」（做夢期）。睡眠癱瘓主要是提早出現快速動眼期的關係，導致在快速動眼期的階段協調不一致。事實上快速動眼期的階段，身體本質上是呈現出休息狀態，而且和大腦的連結信號也暫時中斷，這是一種防禦措施，這樣人體就不會將夢境實現在真實的生活裡，例如夢見打人時，就不會真的付諸行動而對枕邊人拳打腳踢。

當睡眠神經癱瘓時，大腦卻從睡眠休息中復甦過來，來不及和身體重新連結，使人發生半睡半醒狀態，夢境與實現互相交錯，導致身體與大腦發生不協調情況。此時全身肌肉張力最低，所以會造成自己想要起來，卻起不來；想用力，卻使不出力的狀況，這是「鬼壓身」最常有的狀況。

一般而言，壓力過大、太過焦慮、緊張、極度疲累、失眠、睡眠不足，或有時差問題的情況下，睡眠會提

早進入快速動眼期（做夢期），而發生「鬼壓身」——睡眠癱瘓的情況。此情況任何年紀的人都會發生，大多數發生在青少年時期，很少有人連續發生。除非經常發生，須向睡眠醫師尋求協助外，只要對此症狀有所認識，倒不必過於憂慮。

據美國研究報告，有四成至五成的人，在一生當中至少會經歷一次睡眠神經癱瘓（鬼壓身），人數比例不算低，所以，當你遇到「鬼壓身」後，大可不必焦慮不安，去找所謂的「高人」解厄運。明白了睡眠的真相，自可心安理得，高枕無憂。

人為什麼會做找廁所的夢

　　很多人有過這樣的煩惱：我老是夢見自己在夢中找廁所，無論和誰在一起去做什麼，到最後我總會去找廁所，所以我在夢中見過各種廁所。但是我找到後不一定會用，即使用也不會很舒服。但是當我醒來後，我並不想去上廁所，在夢中用過廁所也不會導致尿床，而且生活中我並不是需要去找廁所的。誰能幫我解釋一下？

　　夢裡找廁所是常見的夢的主題之一。這種夢在兒童時期比較頻繁地出現，多數時候夢到找廁所都會尿床。而長大之後，在夢裡，我們也常常到處找廁所，要麼是找不著，即使找著了，裡面也都是人，十分著急、難堪。兩個時期的夢應該分開來解析。

　　兒童時期的夢可能是一種生理因素，當睡眠的狀態下想要排便的時候，腦子裡自然會形成要找廁所的願望，因為兒童的自制能力比較差，所以會在睡眠下小便。

　　成年人夢到找廁所，可能是因為睡前喝了很多水。

多數時候，也是因為生活壓力太大，而形成的一種緊迫情緒。找廁所也可能是因為性慾和性器官受到刺激產生的生理反應。

佛洛伊德強調夢是對願望的滿足。但在生活中並不是全部表現為這種性質。比如，當你想去廁所而無法醒來時，你會夢見你到處找廁所，但都沒成功，最後還得醒來。這樣的例子還有很多，它們說明了夢有時只是展現了你的願望，但並不能使願望得以滿足。

這樣的夢通常和現實中廁所的環境語言有關係。比如對做夢時有人在噴水，或者做夢人本人睡前喝了過多的水，都很容易產生上廁所的夢。如果不是這種情況，那麼多半意味著做夢人心中缺乏安全感，希望找一個隱密的地方待著，而找不到廁所則意味著一種挫折。

說夢話和夢遊的原因有哪些

以前聽過一個笑話，大學寢室一男同學半夜說夢話，差點把自己的銀行密碼透露出來了。現實中人們在說夢話時很容易洩露心底的祕密。因此，本詞不宜稱為夢話，應稱為「睡話」才名副其實。夢話的原因，迄今尚不能確知。

夢話，專業人士稱之為夢囈，就是指人在入睡做夢時說話、哭笑等各種表現，通常夢囈的狀態都是一瞬間的喊叫，但也有連貫的語言，有的甚至是成段的述說，個別人說夢話時還能夠和清醒者形成對答。可見，夢話不一定是胡言亂語。

我們已經屢次強調，人睡覺時大腦不是完全休息的，總有某一部分的神經細胞還在活動，甚至活動得十分激烈。人的睡眠分為淺睡期和深睡期，這兩者形成一種迴圈，反覆三次，時間依次遞增。而第三個迴圈時期即是深睡期，夢囈就發生在這一階段。如果在此時，負責語言的

神經細胞還處於興奮狀態的話，那麼說夢話就是理所當然的事情了。由於語言細胞存儲的資訊多為白天說話的內容，因此夢話所說的內容都是有理可循的，是一種正常思維。

夢囈可以發生在睡眠的任何時間段，其本身是有素質性傾向的，可以作為身體病理的一個參考。經常說夢話的人多半是因為心火過旺、肝火過熱。一些外部因素，如工作學習壓力過大，精神過於緊張都可能導致說夢話。因此經常說夢話的人一定要注意休息，調節工作、生活的狀態。緩解一下壓力，調理營養，情況會慢慢好轉的。如果孩子常常夢囈可能是患有兒童神經症。

夢遊是睡眠中自行下床行動，而後再回床繼續睡眠的怪異現象。這現象雖稱為夢遊，但事實上與作夢無關。因為，根據腦波圖的記錄，夢遊時患者的腦波，正顯示在睡眠的階段三與階段四；顯示正值沉睡的階段。沉眠階段是不會作夢的，因此，本詞應稱「睡中行走」較為符合事實。

夢遊者多為兒童，年齡多在六至十二歲之間。夢遊並非嚴重病態，也與情緒困擾無關，多數到成年後不醫而

What a dream really means? You'll never know.

夢與現實相反嗎？你有所不知的夢境大解析

治。夢遊者下床後的行動期間，仍在沉睡狀態，睡醒後對自己夜間的行動，一無所知。

夢遊的奇怪現象是，當事人可在行動中從事很複雜的活動，會開門上街，會拿取器具，會躲避障礙物，而不致碰撞受傷。活動結束後，再自行回到床上，繼續睡眠。

幾年前，某間大學有個住寢室的男生，夜間夢遊，居然在雙人床上拆下天花板上的燈罩，未曾跌落床下受傷。家中如有夢遊兒童，不必過於擔心，只要注意家中安全，夜間謹慎關鎖門戶即可。

至於夢遊的原因，至今尚無法確知。惟據心理學家研究發現，夢遊者的家庭成員中，也往往還有其他人也會夢遊。因此，夢遊可能與遺傳有關。曾有一個案例，一家人假期團聚，晚上分宿各房間各自的床上，第二天早晨發現全家人都睡在客廳裡，而均無所知。

人為什麼會做掉牙的夢

　　現實生活中，很多人都曾夢到過掉牙齒，在中國和西方一些國家的民間都曾流傳著夢見掉牙齒預示著家裡的親人會有災禍的說法。夢見掉牙齒或者掉頭髮是相似的，也是常見的夢境。早在幾百年前，就有一個叫阿爾特米多魯斯的人寫了一本叫《解夢》的書，在其中對掉牙齒的夢做出一些解釋。比如掉了上齒說明家中的主人失去了地位或勢力，而掉了下齒則是奴隸或工人被解雇，這帶有很強烈的等級意識。

　　當你夢見牙齒鬆動或掉落時，應首先看看你的牙是否真的有什麼毛病，也許牙有些輕微鬆動，白天你沒有注意，所以你的潛意識就在夢中提醒你了。但是往往並不是牙有毛病，卻夢見掉牙是怎麼回事呢？過去民間的說法說掉牙要死老人，這是一種迷信。但是有些時候掉牙和老人去世的確會先後出現，為什麼呢？

　　因為當人隱隱感到老人可能要去世時，潛意識的確

會用掉牙這一方式來告訴你。因為牙是露在外面的骨骼組織，掉牙意味著「骨肉分離」。

當然，夢見掉牙齒象徵親人會有災禍之說迷信的說法，佛洛伊德在他的巨著《釋夢》一書中明確地指出，夢見掉牙齒象徵家裡有人去世的說法是荒謬而錯誤的，正確的解釋應該是象徵著心理的閹割。佛洛伊德認為，掉牙是一種被閹割的象徵，男孩子夢見掉牙表示他害怕被閹割，而這種害怕被閹割和他與父親的潛在敵意有關。此說僅作參考，具體掉牙象徵著什麼要根據上下文的含義，才能確定。

從佛洛伊德起，越來越多的研究者相信夢見掉牙齒意味著身體上有不適。在中國，露出牙齒代表著征戰，是攻擊的意思。在一些地區，人死後下葬前要被拔掉牙齒，因此掉牙齒意味著生命的結束，所以在這些特定文化背景下成長的人夢見掉牙齒，可能意味著他的生命有了危險。

以下列舉出幾種夢見掉牙的可能：

一、純粹象徵著牙齒本身有毛病

夢的一個主要來源就是生理的刺激，所以有些夢的

含義就是直接反應的生理情況，比如很多人都可能做過在夢裡找廁所的夢，而醒來後大多都是直往衛生間去方便，實際上這就是膀胱被尿憋漲所引起的一個夢。因此夢見掉牙齒也可能純粹是由於生理因素所導致的，比如蛀牙或牙齒有病變等。

二、象徵著人際關係出了問題

牙齒生長在口腔裡，俗話說「口齒伶俐」是形容一個人與人交往時非常的會說話，所以牙齒是和一個人的人際交往有聯繫的，而牙齒掉了，就有可能象徵著與人交往出了問題。

三、象徵著想減肥

牙齒有個最大的功能就是咀嚼食物，而牙齒掉了，它的潛臺詞實際上就是說不能咀嚼食物，而一個人為什麼要拒絕咀嚼食物呢？我們知道肥胖和多吃是有緊密關係的，而牙齒掉了，那麼人就肯定不能多吃了，所以自然而然就會瘦下來。

所以夢見掉牙齒，也象徵著夢者本身覺得自己太胖

了，想減肥。

四、象徵著心理上的退化或成長

牙齒的生長是和一個人年齡是成正比的，所以光從牙齒上也可以看出一個人生理的成熟程度。而一個人如果他夢見自己牙齒掉了，也就是說他可能在心理上回到了沒有牙齒的年齡，無疑這就是退化，是象徵著一個人在面對事情的時候，用小孩子的方式去應對。當然，除此之外，掉牙齒還有掉乳牙的意思，它與前面的退化的意義完全相反，是象徵著心理的成長。

五、原來堅固的信念可能動搖了

牙齒是我們人身體最堅固的東西，所以它也是堅固的象徵。而對我們人來說在心理上有什麼東西是和堅固相聯繫的呢？答案是比如信念，傳統、價值觀、世界觀等。所以夢見牙齒掉了也象徵著我們原有的信念系統可能動搖了。

被追逐的夢暗示了怎樣的心理狀態

　　夢中被人追趕的解釋有很多，但其主題通常是由於做夢人在現實中受到了某種威脅而心生恐懼，進而導致入夢後想要逃離。限於此情況，做夢人在夢中雖然想跑但卻跑不動，這是無力抗拒的一種表現。一般來說，被追趕的夢，有這樣幾種結局：

　　(一)被追趕者（往往是夢者本人）被咬或被殺。

　　(二)被追趕者裝死或藏起來，躲過野獸或壞人的視線。

　　(三)被追趕者與野獸或壞人正面搏鬥。

　　結局(一)象徵夢者平時對自己的本能過於壓抑，以致壓抑到了一定強度後，開始遭到本能強烈的反抗或報復。夢中的追趕者越兇殘，說明夢者的本能壓抑強度越大。

　　結局(二)象徵夢者在日常生活中往往採用自欺欺人、視而不見的方式來釋放一些本能衝動。即給本能衝動 上一些合理的偽裝，進而使自我不感到焦慮。這樣的夢者性格一般比較軟弱。

　　結局(三)象徵夢者在日常生活中還在繼續壓抑自己的本能。或者夢者對自己本能的壓抑已年深日久，夢者自己已淪為理性機器。

　　以上三種結局所表徵的策略都不是對待本能的正確態度。正確對待本能的態度應該像大禹治水。任其氾濫自然不可取，可一味地壓抑本能也必釀成後患，而「疏導」相對而言是比較可取的。與夢中的野獸或壞人握手言和，即是一種疏導。本能若被疏導即是源源不斷的生命力、活力，若被壓、被堵而最終氾濫則會成為破壞力。若過度壓抑，則生命力、活力會衰竭。

　　另外，像結局(二)那樣靠自欺欺人地釋放一些也是有害的，因為如果這樣，人對環境的認知就會被扭曲，而人其實是在半閉著眼睛生活了。

　　反覆夢見被追逐是令人煩惱的，這暗示做夢人心中的恐懼越來越大，很可能陷入了一種心理障礙。當然，從榮格的夢學說來說，夢見被追逐很可能是由於祖先的夢境遺傳，正因為我們的先祖曾經有過被野獸追逐的危險以及在生命延續中的各種危機，導致了我們也會做這樣的夢。

飛翔之夢有什麼意義

　　安上一個竹蜻蜓，像哆啦A夢一樣自由自在地飛翔，很多小孩子都愛做這個夢。實際上，人們夢見自己會飛是很正常的。飛翔能夠產生一種愉悅的快感，讓人覺得自己很有成就，這都正好說明做夢人本人內心是充滿挫敗感，希望得到成功。

　　飛翔的主題所顯示的是關於「高高在上」時的情況，或「青雲直上」時的情況，或「不斷提高」的情況。但由於飛離了地面，有時也表示的是不「腳踏實地」，或是「好高騖遠」的表現。甚至，有時飛翔只是逃避現實，逃入幻想的表現。

　　發現自己「青雲直上」、「不斷提高」當然是件好事，所以飛翔的夢多是興高采烈的、快樂的、驕傲的。青少年在青春期和十八九歲時較常做飛翔的夢，這往往是由於他們發現自己的能力在迅速地提高。因此，常做飛翔的夢的人往往是充滿自信的。

　　青少年易做飛翔夢的另一個原因，是正處於發育期的身體正在迅速成長。

　　如果一個人在一段時間內常做飛翔夢，而且夢中基調很快樂，那說明他最近一定在生活中收穫很多。

　　有一個電視主持人，每當出色地完成節目時，常夢見自己在飛機上或在空中演雜技。這表明他在口才的技巧上自認「有所提高」。

　　如果你有一段時間比較順利，也會常常夢到自己飛在高樓頂上。

　　筆者研究過很多飛翔夢，總結出了在夢裡飛翔的技術。

　　在夢裡也不是想飛多高就能飛多高，有時夢中你只能飛起一定高度，再往上飛就很難了。這表明你的潛意識告訴你，你可以有所成就，但是你的成就是有限度的。或者說，你的水準高度是有限的。

　　有時飛翔不是出於能力和成就，而是出於一種逃避現實的願望，這種飛翔夢往往帶有緊張焦慮的情緒而不是快樂情緒。

　　夢中的飛翔還可以表示自由、無拘無束地飛翔，擺

脫土地的限制這是多麼形象地顯示出自由啊！夢見自由飛翔時，也許你會覺得自己是一隻鳥，也許仍是一個人——不需要像鳥一樣拍打翅膀，只要保持一種姿勢，頭稍向後抬，胸部挺起，兩臂向後，你就會越飛越快，越飛越自由自在。

　　夢中飛翔者還會感到孤獨。當然了，曲高和寡嘛！夢中的飛翔有時表示快樂，很快樂，快樂到有些心理學家願意研究如何讓自己做快樂的飛翔夢，蓋爾・德萊尼就是一位。他指出這種快樂的飛翔夢甚至有助於使舞蹈和滑冰技術更好，請想像一下自己輕盈地滑行在冰面上的感覺，那和飛翔不是很相似嗎？

　　夢中的飛翔還可表示性的快樂。某人夢見他像鷹一樣從空中降下，一把抱起一個女子，然後飛上天空，越飛越高，越飛越快樂。同樣也有過女人夢見一個男人抱起她飛上天空，同樣很快樂。但是沒有遇到過那種像歌裡唱的：「今天今天我要和你一起雙雙飛」的情景。不太清楚為什麼人們似乎不常夢見「比翼雙飛」？是這種夢的含義大清楚，以致於人們不需要去釋，所以才沒遇到？或者在性愛中，男性主動的意識太明確了，以致於人們只能夢見

What a dream really means? You'll never know.
夢與現實相反嗎？
你有所不知的 夢境大解析

男人帶著女人飛？

　　印度古人認為性能量沿通道到達頭頂就會夢見飛，中國古人認為「上盛則夢飛」。中醫認為上焦即頭到胃口這一部位，包括胸、頭、心肺處有病，病屬於實症，則容易夢見飛。此病還伴有頭眩耳鳴、頭痛、呃逆、喘息等，多見於高血壓、急性支氣管炎。因此，如果有人平時感到不舒服，又常做飛翔的夢，應該考慮去醫院檢查一下身體。

　　經常夢見飛翔的人，一般性格特點是比較追求完美的那種，對萬事萬物都有一種追求完美的心理，他們的氣老調在上頭下不去，就會總夢見自己飛翔。而對於另外一些人，他們的氣總是沉在下面上不來，這類人做夢就愛夢見自己墜落深淵。

　　飛翔的夢通常產生在清醒夢之前，它的意義不能只看表面，而要針對具體的做夢人，具體的生活經歷。有時候飛翔的夢很可能也意味著逃離某些事物，或者是表示自己有不切實際的想法。

人為什麼會夢到裸體

　　你敢裸奔嗎？不管你現實中敢不敢，或許你在夢裡這樣做過。

　　夢見自己和他人赤條條相見，心裡可能是很尷尬的，想極力掩飾，但旁人卻不以為然。這樣的夢也有多種解釋，男性夢見自己裸體見人，可能是想掩飾什麼弱點。裸體一方面意味著性慾的刺激，一方面也象徵著對自然真我的渴望，不想受約束，回歸一種真誠的狀態。

　　夢見自己渾身赤裸可能只是一個警告：「你旅行所需的衣服準備好了嗎？你該洗的衣服洗了嗎？小心，你會沒有衣服可穿的。」

　　當然，就算你忘了帶換洗衣服，你也不至於像夢裡那樣，赤身裸體上街，可夢中的自己就喜歡用這種形象的方式來和你說話，用這種誇張的方式和你說話。我想，他也許是為了讓你印象深刻些吧！

　　裸體還表示真誠、坦率和不欺騙。《圍城》中一個

風騷女子鮑小姐被稱為「局部真理」，因「真理是裸體的」，所以半裸的鮑小姐就是局部真理了。有個笑話說一次羅斯福闖進了邱吉爾的浴室，赤身裸體的邱吉爾為掩飾窘況，靈機一動攤開雙手：「大英帝國的首相對你是毫無掩飾的啊！」

　　如果你自己常夢見自己裸體，請並不為之羞慚。因為裸體表示的，是你對人的坦率真誠。

　　裸體還表示被人看穿自己。據說有位大學講師常夢見自己在校園散步或在閱覽室裡看書時突然覺得人人都在看他，他低頭一看，發現自己全身赤裸，只穿著襪子和鞋。透過解夢瞭解到，夢者對自己評價不高，認為自己的論文都是有欺世盜名之嫌的。因此，他常常處於怕「被人看穿」的恐懼中。

　　佛洛伊德在分析裸體的夢時，指出裸體的夢是對童年時的快樂之一，即對不穿衣服的快樂的懷戀。而且這種夢也是夢者在與其關係密切者面前想裸露的表現。佛洛伊德的這種想法也與他對夢的基本看法有關。「裸露」是性願望的一種含蓄的滿足。

　　此外，脫衣服或裸體的夢往往是與性有關的。夢中

脫衣服時自己的感受或發現自己裸體時自己的感受，正表明你自己對性的態度。是坦然接受，還是為之窘迫。夢見自己裸體時的情緒感受是愉快的，表明夢者對性的態度較坦然，沒有什麼性壓抑；反之，則表明夢者多少對自己的性願望是不願或不敢面對的。

一個國外的例子：某人夢見老師赤裸，而且陰莖很細小。這個夢表明他雖然很敬佩這個老師，但心裡暗暗覺得他不夠有男子氣。

夢中別人對待你裸體的感受，反映著別人對你的看法，對你的真誠或對你的性慾的看法。

夢中有時會有裸體的異性出現，並且喚起夢者強烈的性衝動，這種夢不須再解釋，只是一種滿足欲望的夢而已。在青少年中，這種夢是很多的。

如果做夢人夢見自己儘管渾身赤裸但卻心無所動，坦蕩蕩的，說明做夢人心無雜念，不懼怕任何事情。

瞬間為什麼能引發很長的夢

　　有些人只是剛剛入睡了一會兒，可是醒來以後訴說夢境時常常是做了一個很長時間的一個夢或幾個夢。這是怎麼回事呢？

　　當睡覺的人入睡以後，尤其是在快動眼睡眠時間，如果將受試者喚醒，受試者會講他正在作一個很長很長的夢，其實他僅睡了一會兒的時間。事實上一個很長的夢僅用很短的時間就可以作完，人的大腦就好像是一台十分精密的電腦，一剎時就可以運算上千上萬次。這就是瞬間可以引發很長的夢境的原因。

　　精神分析派心理學創始人，奧地利著名的精神病學家佛洛伊德曾介紹過這樣一件事。講道：「毛利煩悶地回到了自己的房間，躺在床上，他的母親坐在他的身邊。毛利睡著了，作了一個可怕的夢。那是在一個恐怖的年代，親眼看到令人毛骨悚然的殺人慘象。他參加了政治活動，做了許多工作，後來被捕了，一次又一次被審判。在法庭

上還遇到了那個年代最殘忍的幾個罪魁禍首，後來被定了死罪，被押解到刑場，沿途擠滿了觀看行刑的人。他登上了斷頭臺，劊子手把他綁上，然後是鍘刀落下，頭被砍下來……極度的恐怖把他嚇醒了。而在這之前剛好有一件飾物從床頭掉了下來，落在他的脖子上」。可見，前後只不過是幾秒鐘的時間，竟然作了這樣一個長長的夢。

死亡的夢有什麼意義

　　死亡的夢多半是警告性的，尤其是自殺的夢。說明做夢人有自我毀滅的傾向，這些人在生活中肯定有很多不如意的地方，但是他們不一定想自殺。相反，從某種角度說，死亡是一種結束方式，這暗示這些人可能要開始新的生活方式，或者改變一些陳舊的觀點。

　　常常有人問，夢見死人是怎麼回事？這是最難用一兩句話說清楚的。要看你夢到的那個人是誰？你在夢中知道不知道他已死？「死人」並沒有一個固定的意義或幾個固定的意義。如果你夢見你已故的祖父，那麼你應該問的是：「我夢見祖父是怎麼回事？」

　　在這裡講的與死亡有關的夢，只限於：夢見不知名的死人，在夢中他們也是作為屍體出現的而不是像活人一樣活動的。或者，夢見現實生活中活著的人死去。還有，夢見自己死去。

　　夢中不知名的死人或者乾脆說屍體往往代表已「死

亡」的事物。這裡所說的死亡是象徵意義的死亡，而不是真的死亡。

例如，一個人夢見他走上一座山，路兩邊都是死人。心理學家分析後，發現在這個夢中，死人代表他自己喪失了生機和活力。

夢見自己認識的人死去也有這一層意義，即表示這個人（或這個人所象徵的另一個人）正在失去活力，變得僵死。

夢見自己死表示擔心自己變得僵死。這種關於死的夢有時會夢見人變成了石像。

一位二十五歲的女生夢見自己做好了晚餐。她叫人來吃飯但是沒人答應。只有自己的聲音傳回來，就像是一個深邃的洞穴的回聲。她毛骨悚然，感到整個屋子空無一人。她衝上樓，在第一間臥室裡，看見兩個妹妹分別僵坐在兩張床上，毫不理會她焦急的呼喚。她走過去想搖醒她們，但突然發現她們是兩尊石像。她恐怖地逃進母親的臥室，可母親也變成了石頭……絕望中，她只好逃向父親的屋子……可是，父親也是石頭。

此外，當一個人感到「雖生猶死」，感到自己如

What a dream really means? You'll never know.
夢與現實相反嗎？你有所不知的 夢境大解析

「行屍走肉」，感到自己的心已經死了，感到自己已不再成長時，他就會夢到自己死。

順便說一句，死和睡的象徵意義極其相似，人死時我們說「安息吧」，說他「長眠於地下」，都是指出死類似睡。死與睡的唯一區別是：死了就不會再醒，而睡了會再醒。實際上，在心靈世界，死了也不是一定不能復甦。在各民族神話中常見的「復活」主題就是表示心靈可以死後復甦，可以在喪失生機後又恢復。

「我夢見妻子死了，躺在棺材裡，滿身裹滿白布。我悲傷地扛著她的手哭，突然她的手變暖了，她漸漸地活了。」這個夢意思很簡單，夢者發現他妻子失去了活力生機。

他很悲傷。而他的這種情感喚醒了妻子內心沉睡的——或說死亡的愛，使她又恢復了活力。

死還象徵著遺忘、消除，克服等等。

一個失戀的女子時時夢見她以前的男友，後來有一天，她夢見那個男友死了。當時並沒有任何事件會讓她擔心那個人出事。她已經幾年沒有聽到他的消息了。

這裡的死就是遺忘的意思，女孩認為自己已經把他

遺忘了。在做夢前一天，她認識了一位很好的男子，也許夢在昭示，新的感情使舊的感情讓位了吧！

　　有個人在接受了一段時間的心理諮詢後，夢見自己殺了一個人。他俯身去看死人，卻發現那也是自己，不過長得很醜陋。

　　我應該為他慶祝，因為透過心理諮詢，他殺死了「過去的我」，殺死了那個心靈醜陋的病態的「我」。

　　「我夢見被人殺死了，一把匕首正刺入了我的胸口。我氣憤之極，但那個兇手說，這不過是一個手術。我倒在地上，兇手解剖我。這時，我站在一邊看著我的屍體，突然明白死去的並不是我。」

　　這個人也是在接受心理治療。從此夢可以看出，她把心理醫生看成兇手，因為他殺死了她。他使她痛苦。但是後來她發現，被殺死的只是過去的她，而她經過一番心靈的脫胎換骨後，活得更好了。

　　因此，夢見死不一定是壞事。如果死去的是美好的人物或事物，那是壞事。如果死去的是醜陋的、陳舊的，那無疑是好事。

　　在夢中相貌醜陋的人代表壞的事物、邪惡、仇恨、

愚蠢和種種惡習。相貌美的人代表好的事物。

　　佛洛伊德指出，夢見親友死亡而且夢中很悲痛，往往是幼年時希望親友死亡的願望再現。他指出人在幼年時會希望自己不喜歡的人死，兒童在憎恨與他共同分享父母之愛的兄弟姐妹時，他也會盼望他死。在兒童的心中，或在成年人的潛意識中，讓別人死並非什麼大罪，只是「讓他永遠不能回來」而已。當人怨恨別人時，會夢見他死亡。如果這個別人是親人，夢者會在夢中刻意地過度地表示悲痛。

　　當然，也不可否認，有時夢見親友死亡也許就是表示一種猜想而已。例如某人夢見爺爺死了。在睡前他收到信說他爺爺病了，他自然會想到年紀大的人病了是很有可能會死的。此時，夢只是表示一種擔心與猜測而已。

　　如果夢見身邊的朋友死了，那意味著一種距離，提醒我們需要加強彼此之間的感情聯絡。當然，在一些特定意義上的死亡的夢極有可能是真的，比如重病的病人，或者年壽將盡的老人。

生育之夢的內涵有哪些

生育的夢是從古至今的一個話題，這裡意義眾多。

古時候，生育的夢常常預示著孕婦腹中孩子的一生。當然，到現在，做生育的夢有很多解釋了。生育是一件艱難、歷時漫長的事情，這代表現實中做夢人可能在執行一項艱苦的計畫工作。而男性夢見生育，有可能是事業上的新的發展或改變，也有可能是出於對家庭的責任感。

生育的夢不一定是生育孩子，中國古代見龍入懷或者鳥銜著果實而來都是懷孕夢的一種。

一位女士夢見自己和丈夫在家鄉的一個魚塘邊上散步，很愜意。魚塘裡有很多蝌蚪，人們都在捉，女士看見了心裡十分著急，但也說不出原因。她和丈夫迫不及待地加入了捉蝌蚪的行列，學著別人的樣子去捉，但總是捉不到。女士懊惱極了。這時候走來一個人，安慰了他們，並告訴他們應該分工合作，女士拿著瓶子在一邊等著，而丈夫要到另一邊去趕這些蝌蚪，這樣才能捉到。夫妻二人按

照這個方法試了試，果然捉到了一隻蝌蚪，那個人看了一眼說：「你們真幸運，捉到了隻懷孕的！」

夢中捉蝌蚪本沒什麼奇特之處，關鍵在於最後蝌蚪懷孕的那句話，很有現實意義。因為這位女士結婚多年一直未能懷孕，她每天所思所想的都是如何懷孕，甚至四處找偏方，做治療。在她的夢中，蝌蚪的形象實際上是男性精子的象徵，而瓶子是女性生殖器子宮的象徵，而指點他們抓到蝌蚪的人可能就是在現實中對他們提供幫助的醫生或其他什麼人。這就是我們常說的「日有所思，夜有所夢」中的一種，因為妊娠現象是女性與生俱來的特權，所以這類夢多半象徵著女性原始的生產願望，而妊娠中的女性做這樣的夢，也有可能是一種對生產平安與否的不安心理造成的。

從這類夢中我們可以得到一個解釋，我們做夢有一部分是為了得到精神的補償。一方面，白天緊張的身體乃至心理活動可以在夢中得到鬆弛，精力可以夢中恢復，以保證第二天能夠面對新一輪的緊張生活。否則，長期處於緊張狀態而不得恢復，那麼就會導致人的身體疲勞和精神壓抑，對身心健康極度不利。另一方面，人們在清醒時有

很多欲望不能得到滿足，這是苦惱、煩悶的根源，集聚在體內有害健康。而夢有時能使這些欲望在腦海中實現，也就在一定程度上緩解了這些欲望的要求程度，促進了心理平衡。

潛意識透過夢指出或彌補意識在活動中的缺陷，使精神活動更完善、更充實，心理功能也會因此而穩定。人們可以透過自己的夢，從中獲取必要的教益，這樣做的夢有益於精神衛生，如運用得當，心理和行為會得到和諧的狀態，達到身心的統一。

其實，上述懷孕的夢不僅是孕婦可以做，她的丈夫、母親、婆婆乃至其他親密的親屬都可能做，因為懷孕的事件可能得到的是眾人的關注，同時也會反映出其他的人心理願望。比如姐姐懷孕了，妹妹也做懷孕的夢，可能是盼著自己能早日結婚生子。

夢中的鬼代表了哪些情緒

並不是所有的噩夢都會夢見鬼，但夢見鬼就肯定是噩夢了。

那麼，夢中的鬼都代表著什麼呢？很多心理學家、醫學家、精神病學家等對此做了複雜的調查，認為鬼的形狀是某種情緒的表現形式。

一、僵屍

一個年輕的男子找心理醫生做諮詢，他說自己行為放蕩且經常做噩夢，夢見僵屍。僵屍，看上去沒有血，就像我們常說的「活死人」，實際上他在精神上已經變得冷漠。經過分析，原來這個男生之前很開朗、善良的，後來交了一個女友，他為對方付出了很多情感和金錢。後來他幫助女友去美國留學，但女友實現自己的夢想後竟然把他拋棄了。

他備受打擊，對人世的看法有了很大變化，尤其對

異性開始變得像僵屍一樣冷漠，把自己看成是僵屍，用攻擊和佔有，來平衡他的挫折感。

二、白衣女鬼

有個男孩是富裕家庭的獨生子，父母對他百依百順，但是這個男孩卻常常夢見一個站在湖水中露出上半身的長髮白衣女鬼。

白衣女鬼的特點是長髮飄飄，看起來很弱小，這是抑鬱情緒的象徵。

實際上，正是因為父母為了給這個男孩提供好的生活而忽略了和孩子的情感溝通，使得孩子內心極為痛苦，變得非常孤獨，渴望得到父母的關懷和愛。因此他夢中的那個白衣女鬼其實就是男孩內心世界的反應，表明他的無助和虛弱。

三、骷髏鬼

骷髏象徵死亡，骷髏鬼是白衣女鬼、僵屍的極端表現，當一個人情感極度缺乏到了一定極限就變成了骷髏。當我們對死亡特別恐懼，或者生命力極弱的時候，就有可

能會夢到骷髏。

四、淹死鬼

一個在北京上大學的外地女孩常常夢到一個長頭髮的淹死鬼在身邊出現，要把自己擠壓到窒息。經過分析發現，女孩的母親對遠在外地上學的女兒不放心，時常對她電話遙控，瞭解女兒每天的行蹤。這導致女孩精神壓力增大，母親的過分關心猶如緊箍咒讓她不能喘息。

淹死鬼正好可以表達這種情感壓迫，因為它可能並不可怕，但濕漉漉的形象讓人產生厭煩感，讓人覺得是既不打罵你，也不嚇唬你，就用情感來折磨你。

還有一種淹死鬼表達的是對感情的渴望與糾纏，因為溺死的人往往是多愁善感的人，極有可能為情而死。夢見這種鬼的人很容易沉浸在情感世界裡不能自拔，而淹死鬼的形象就是其夢中的象徵義。

五、無頭鬼

頭，是理智、智慧的象徵，胸部則代表情感，胸部以下代表欲望。無頭並不是說這個人沒有理智，正好是因

為過於理智而導致了他理智與情感的隔離，使得做夢人看不見自己內心真實的情感，壓抑太深。壓抑的力量有多大，被壓抑的陰暗面的力量就有多大，內心陰暗面的力量得不到宣洩，就會轉化成夢的形式。

六、畫皮鬼

這是一個外表美麗，但內心醜陋的鬼。

電影《畫皮》其實已經揭露了這種鬼的象徵，畫皮鬼利用的是人類肉慾的渴望，因此夢見這樣的鬼多半象徵性變態，性心理有問題。

為什麼會夢到偶像

　　生活中是追星族嗎？是不是癡迷著那些大影星而感嘆無緣相見呢？不過，肯定你在夢中見過他們！

　　一個女孩子很喜歡五月天阿信，於是做了下面這樣的夢：昨晚夢見阿信了。我跟他一個學校的，然後學校裡很多追他的人，我跟他是好朋友，我還問他：「你的女朋友到底是誰？」阿信帶我去教室看他抽屜裡他女友的照片，結果我卻找不到。然後我的同學把我寫給阿信的情書給他了，我很生氣。我還跟阿信大吵了一頓。他手裡拿了好多情書，居然有我的。他問我為什麼給他寫情書。我也火了，把情書拿過來就給撕了。還把紙扔到了他的臉上。好好玩哦！這是怎麼回事呢？

　　夢基本上都是透過一些表面的意象來反映我們的深層心理，有些人就用符號學來解釋，燈塔代表什麼，剪刀代表什麼等等。人的思維並沒有那麼死板，有可能不同的意象代表的卻是同樣的事物，反之亦有可能。

所以，就夢裡的場所和登場人物來看，有這樣的可能：見偶像實際上和偶像並沒有直接的關係，而是一個大好的機會，所以才有那麼多同事們參與競爭。而本該是給與你們機會的老闆，夢裡顯得那麼消極———八成這機會是從總部來的，越過了她也有可能。你對於參與不參與競爭則是充滿了矛盾的感覺，一方面也許「真是個誘人的機會啊」；另一方面則「亂哄哄的，難於抓住機會吧」。

　　夢見名人一方面可能是「日有所思，夜有所夢」的結果，渴望與這些名人見面，另一方面可能處於自身對名利的渴望，或者是提醒做夢人是不是忽略了自己某些藝術才能，比如唱歌、跳舞什麼的。還有就是，正是這樣的榮譽給夢中的自己帶來了成就感，往往暗示做做夢人本身在現實中充滿了自卑的心理。

夢見棺材一定會升官發財嗎

俗話說「日有所思、夜有所夢」，生活中難免會把夢境與現實相聯。如果，你意外夢到棺材，你會怎麼辦？在影響力就發生過這樣一件事情。

一位新員在培訓室午休，恍惚中夢到：自己坐在一個轎子裡，而這個轎子就是一個棺材！夢境中的他當時嚇的跳出了棺材，而這一跳也把他從夢中拉回到現實。「天哪！我可是面試了一個月才得以加入影響力的，做了這樣的夢，對我來說是不是有什麼不好的兆頭？不會是讓我努力的一切前功盡棄吧？否則，怎麼會這麼巧在這個時候做了這個夢呢？」下意識中，那個新員立刻開始反省自己哪些地方表現不好，當時的心境就跟掉進了深淵一樣，彷彿一切都沒有了希望，什麼失落什麼沮喪都填充在胸口，簡直透不過氣來。

這時候，下午的培訓開始了。善於調節氣氛的培訓師在開始給我們分享了一個ABC情緒理論的故事：古時

候，有兩個秀才一起去趕考，路上他們遇到一支出殯的隊伍。看到那口黑乎乎的棺材，其中一個秀才心裡立即「咯登」一下，涼了半截，心想：「完了！真觸楣頭，趕考的日子居然碰到這個倒楣的棺材。」於是，心情一落千丈。走進考場，那個「黑乎乎的棺材」也一直揮之不去，結果，文思枯竭，把自己應有的能力沒有發揮出來，最後自然名落孫山。另一個秀才也同時看到了，一開始心裡也「咯登」了一下，但轉念一想：棺材，棺材，噢！那不就是有「官」又有「財」嗎？升官發財！好！好兆頭，看來這次我要鴻運當頭了，一定高中。於是心裡十分興奮，情緒高漲，走進考場，當下文思如泉湧，下筆有如神助，最後果然一舉高中。同樣是遇到棺材，結果卻截然不一樣……

　　這個故事就好像醍醐灌頂一樣，胸口的鬱悶全部消散，讓他在下午半天培訓中處於高度興奮狀態，表現非常出色。原來精神轉變的力量可以這麼大！讓人回想起來仍然渾身充滿力量。「棺材」「棺材」，本來就是升官發財的意味，我們雖然不是追求這個，但這樣的喜悅也著實讓人開心。再遇見任何不好的預示，我們都會泰然處之，沒

有放在心上影響自己的心情和狀態，這也是取得進步的緣故。

在民間有夢見棺材意味著要升官發財之說，按照《周公解夢》裡的說法，在特定的夢境下，確有夢見棺材暗示著財運好的解釋。

但現在的解夢說法不一。一般心理學認為，夢見平靜的景象包括死人都預示著你的心理潛意識正在從自我調整的分析中獲得最佳狀態，或你可以理性地處理身邊的問題，或你對將要到來的考試已經胸有成竹，或是你苦思的問題將有眉目等。總之，這是成功的徵兆。同時，也有可能預示著你被一些功名利祿的思想打擾，最終影響你取得成功。只要你放棄這種思想，你的事業就會有大發展。夢見棺材也隱喻著重生，思想或靈魂蛻變進入另一階段，或是戒除了不健康的壞習慣，離開了舊的環境等。

此外，這種夢境可能預示著你將參與競爭上一級職務，並可能獲得成功。

夢見爬樓梯對人生有什麼啟示

爬樓梯是一個過程，你爬樓梯是為了到另一個樓層或空間去。除非停電或者為了健康，當有電梯可以坐的時候，大部分人不會選擇爬樓梯。相較於搭乘電梯的毫不費力，樓梯間每一階的上下都得靠自己走出來。夢見爬上樓梯，很像是力求上進的心情投射；夢見走下樓梯，則可能是對自己不太順利人生的反映。

雖說人往高處「爬」，但你可能滿身大汗地爬到夢的終點，風一吹，才體悟到「高處不勝寒」的真諦；一邊爬著樓梯，一邊欣賞四周出現的景色，或許能夠讓你領悟到過程比結果重要；夢裡的樓梯有時甚至無限延伸，精疲力竭的你始終看不到目的地，這時你該考慮一下：上面的目的地真的值得自己付出這麼多努力嗎？

樓梯是一級級升高的，如果你從上往下走，那就是一級級降低的。越往上爬，你的地位或水準就越高；越往下走，你的地位或水準就越低。樓梯要一步步地往上爬。

　　說到這裡，你知道為什麼樓梯常常在夢裡出現了吧！那是因為在等級界限較突出的社會裡，許多人一生都是在辛辛苦苦地往上爬，也有許多人不幸常常會往下走。上下樓梯，這實實在在是現實生活中人人常做的事。

　　當然，也有一些人，爬的不是社會地位這座樓梯，而是自我提高、自我完善的樓梯。

　　夢中上下山路、上坡下坡、爬軟梯、坐滑梯等等，都是這上下樓梯主題的變奏。

　　有個機關幹部，夢見在爬樓梯，樓梯很難爬，而且爬著爬著，樓梯變成了滑梯。他小心翼翼地往上爬，擔心不小心一失足滑下去。突然，爬在他上面的一個人一不小心，從上面滑了下來，他大吃一驚：一旦被撞上他就完了。在強烈的恐懼中，他嚇醒了。

　　這是個典型的官場故事。這個人一步步往上爬，小心翼翼怕犯錯誤，怕「一失足成千古恨」。夢中那個在他上面的人，正是他的上司，最近因犯錯誤被免職了。而他便是由那上司一手提拔起來的。於是他十分恐懼，擔心受到牽連。

　　一個女大學生，夢見從樓梯上往下走，好像是想去

舞廳。表面看來這個夢是白天情景的再現。因為她的寢室在四樓，夢中她正是從寢室樓的樓梯上往下走，和睡前去跳舞時的情景一模一樣。

但是實際上夢卻另有所指。她在中學一直是全校的頂尖學生。到了大學，發現在人才濟濟的大學裡，自己已經沒有了原來在中學的優勢，本來想努力學習，但是又克制不住想玩一玩，放鬆一下自己的神經，時常去跳舞。然而，每次去玩，心裡都自責，認為這樣下去，自己會越來越不如別人。她認為自己本來很出色，但是由於貪玩，現在學習上或其它方面走下坡路。

佛洛伊德認為：樓梯的夢是一種性的象徵，因為上樓梯的節律運動和做愛相似。我們必須承認的確有一些上樓梯的夢是性夢，但是似乎更多的上下樓梯夢是和地位相關。

我們具體解夢時，可以根據夢中其它因素判斷在特定的夢中上下樓梯的意義。例如，如果和你同上樓梯者為一個有魅力的異性，或許你這個夢就是性夢而與地位無關了。

夢見下樓梯也不見得全是壞事。有時你夢見下樓

What a dream really means? You'll never know.

夢與現實相反嗎？
你有所不知的 夢境大解析

梯，走著走著遇見好久不見的朋友，就在樓梯間熱切地聊
起天來，這表示你放下了一些事情，你會找回更多值得紀
念的事情。如果夢見被看不見的力量拉扯著滾下樓梯，到
了底部卻發現一片美景，這是「退一步海闊天空」的寫
照，說明在生活中有些事情你必須學會忍讓。

夢見考試代表什麼

　　我們上學後，考試成了家常便飯，期中、期終考試，小考、大考，我們經過了千百次的考試，可以說是「考場老手」了。而人生處處是考場，有形的、無形的，正式的、非正式的，理論的、實踐的、知識的、技能的，當然，最大的考試卻是做人的考試，當一個人面臨考試時，自然會夢見考試，擔心考不好，就會夢見考試時忘了帶筆，題目全都忘了等等情境。或者相反，夢見自己考得很好，這屬於「做夢娶媳婦」類的夢，為了安慰一下自己，讓自己高興一下。

　　有位秀才第三次進京趕考，住在一個經常住的店裡。考試前兩天他做了三個夢，第一個夢是夢到自己在牆上種白菜，第二個是下雨天，他戴了斗笠還打傘，第三個夢是夢到跟心愛的表妹脫光了衣服躺在一起，但是背著背。秀才認為這三個夢似乎有些深意，於是，第二天他就趕緊去找算命的解夢。

　　算命的一聽，連拍大腿說：「你還是回家吧！你想想，高牆上種菜不是白費勁嗎？戴斗笠打雨傘不是多此一舉嗎？跟表妹都脫光了躺在一張床上了，卻背靠著背，不是沒戲嗎？」秀才一聽，心灰意冷，回店收拾包袱準備回家。

　　店老闆非常奇怪，問：「不是明天要考試嗎？今天你怎麼就回鄉了呢？」秀才如此這般說了一番，店老闆樂了：「呦！我也會解夢的，我倒覺得，你這次一定要留下來。你想想，牆上種菜不是高種嗎？戴斗笠打傘不是說明你這次有備無患嗎？跟你表妹脫光了背靠背躺在床上，不是說明你翻身的時候就要到了嗎？」

　　秀才一聽，更有道理，於是精神振奮地參加考試，居然中了個探花！

　　佛洛伊德指出，考試的夢往往發生於夢者隔天就要從事某種可能有風險而且必須承擔後果的大事時。同時他認為，夢者不會夢到他以前考試不及格的經歷，而會常夢到過去那些當時擔心通不過，花費了很大心血，而後卻發現並不是這麼難通過的那類考試。他說：「我曾經未能通過法醫學的考試，但我卻從未夢見此事。相反，對植物

學、動物學、化學，我雖曾大傷腦筋，但卻由於老師的寬厚從未發生問題。在夢中，我卻常重溫這些科目的風險。」

　　因此他認為：夢的用意是安慰夢者「不要為明天擔心！想想當年你參加考試前的緊張吧！你還不是白白緊張一番，最後順利地拿到了學位。」後來的一些心理學家，都發現考試夢不僅僅是用來安慰人的，有時它也用來提醒人或用來指示處境。

　　前者的例子可見於安·法拉第，她在作一次關於夢的講演前夜，夢見自己參加生物學考試。夢中她突然醒悟到她已好幾年沒做這方面的研究了，她很緊張，對生物老師說：「讓我先看看題，答不出我就走。」

　　結果是第二節課時，一位女生物學家問了她一些有關夢的生物學方面的問題。看來，夢是提醒她，該預備一下生物學方面的知識，也許明天會有人問你。

　　再如，一位女子夢見她參加考試，考生只有她一個人，考官是一個中年婦女。她突然發現有一個英俊的男子也出現在考場中，又像監考又像考生。她暗地裡希望這個男子能幫她通過考試。但是這個男子又消失了，她極為失

望，在夢裡說：「再也沒有了。」

夢中的中年婦女經仔細辨認，那位考官有些像她的一位同事。而這位同事正在為她介紹朋友。至此，夢的意思已很清楚了。她把約會當成一次考試，不知道自己能否通過，對此很擔心。她希望那個英俊男子，即她心中最理想的白馬王子能在場，或者說她希望將見到的朋友是她理想中的白馬王子。那樣她就會表現得很好，很熱情，進而給對方也留下好印象，即順利地通過這場考試。但是她知道她理想中的白馬王於現實中是不存在的。因此她失落的說：「再也沒有了。」

或許，她把過去愛過的某個男子，某個曾遇到過又消失的人當成了白馬王子吧！那個人不在了，所以她說「再也沒有了」。

另一個中年婦女也是夢見自己參加考試，考生也只有她一個人。不幸的是，監考者說她作弊。她否認，並讓她的丈夫作證，但是丈夫卻不肯為她作證。

我們可以很容易猜想到這是什麼考試。這是在考驗她在現實生活中能否經得起其他異性的誘惑。「監考者」認為她作弊，就是說她還是可能有不夠檢點的行為。她想

讓丈夫相信，她沒有這類行為，但是顯然丈夫也對她有所懷疑。

史特喀爾指出，考試夢常象徵著性經驗和性成熟。這也有道理，因為沒有性經驗的人對自己的性能力心中沒底，經驗過程也就是考驗過程。

為什麼總會夢到以前的事情

　　這種夢通常發生在你生活發生重大變化的一年或者兩年之中，潛意識裡，你渴望回到你以前熟悉的地方或者老朋友之中去，然而，你也知道這是不可能的。也有這樣的例子：你可能夢見你孩童時代非常要好的朋友，這意味著你想忘卻你現在生活中不愉快的事情，想尋求像少年時代那樣樸實、忠誠的朋友。

　　如果夢到過去的愛情，在夢境中你重新對你過去的男友吐露心聲。

　　你的潛意識告訴你，你即將會重蹈覆轍。又有一個男人會令你傾心，但是你為了得到他的愛情，不得不忍受他的拈花惹草。並且你的新歡並不是你的出氣筒，你不能把過去的錯誤怪罪在他身上，如果他不是你所愛的，就離開他吧！

　　筆者有一段時間也經常夢到自己回到小學校園，一切如故，操場上嬉戲教室裡聽課。每每醒來都有一種難以

言表的對過去的懷念久久纏繞在心頭。那時候剛上高中，很不適應新學校的生活，甚至產生抵觸情緒開始厭學，這些夢對筆者當時產生了很大的影響。潛意識裡想回到過去是一種對現實的逃避。

夢，不要對過去過分懷念，因為我們的生活是正在進行時。努力適應新環境，結交新朋友，一切都會好起來的。

Chapter 3

關於健康

What a dream really means?
You'll never know.

夢與大腦有什麼關係

　　夢是大腦功能的一個內容，這個功能與大腦的部分組織息息相關。大腦左右半球在形態上對稱，但在結構上卻有很大差異，尤其在功能上也不相等。左腦是「意識的」心理過程的中樞，而做夢等無意識的心理過程則主要是右腦的功能。

　　研究認為，右腦是指掌管潛意識的腦，還是祖先腦，因為，右腦有一個隱蔽性很強的功能：保留和儲存透過遺傳因素留給後代的全部資訊，而且右腦儲存的祖先遺傳因素，隨時隨地都向後代昭示該怎麼做、不該怎麼做，並且右腦是人類精神生活的深層基礎，做夢、靈感等潛意識心理過程主要是右腦的功能。下列有關專家在實驗中找到了夢由右腦決定的證據：

　　一、研究發現右半腦血管障礙者都沒有夢。

　　二、如果實驗刺激癲癇患者的右腦半葉，就出現夢樣體驗，而刺激左腦半葉則無此體驗。

三、實驗研究切斷癲癇患者的胼胝體後不再做夢，其感覺影響輸送到左腦後，夢者才能說出夢的內容。

有實驗表明：在快速眼動（異相睡眠）的夢中現象，與腦橋網狀結構中大腦細胞的放電活動有關。在對動物進行的實驗中：當動物進入異相睡眠時，腦橋大腦細胞開始活動，並逐漸增加單位發放的頻率，最高發放每次可達兩百～三百個神經脈衝；而每一串單位發放，都伴隨著眼動和PGO波發放。

為什麼會伴隨眼動現象，據說是大腦細胞放電能夠啟動鄰近的管理身體其他機能的細胞群，其中就包括管理眼動的細胞群；並認為有兩種假設，一是做夢者正在繁忙地掃視眼前經過的夢象，另一種假設則相反，先是不自主地眼球快速運動，然後才在腦中產生夢境；夢境是大腦對眼球快速運動所作的解釋，並且大腦根據以往的記憶，將眼球運動提供的有關資訊拼合起來以後，便出現了夢境。

做夢與健康有什麼關係

關於夢與健康的關係，長期以來爭論頗多。其實，夢對健康的影響是有利有弊的。其積極作用正如上文中所提到的：夢不僅是睡眠的保護者，還能增強記憶、平衡心理、促進發明、預示未來。但是多夢卻會干擾人們的睡眠，反覆出現的噩夢還會導致人心理上的壓抑。

其實，夢絕大多數屬於正常的生理心理現象，對人們的健康是極為有利的，特別是一些特定的夢境，還是一些疾病的早期信號，或是疾病過程中向好壞兩方面發展的趨勢。

前面我們介紹了做夢的原因，有的人總認為自己的夢多，其實這是一種自我認識的差異。因為當你從有夢睡眠中醒來時，認為自己做了夢，而在無夢睡眠中醒來時，卻誤認為自己沒有做夢。這些觀點都錯誤的，因為天天做夢，夜夜做夢，我們做夢就像每天一日三餐一樣，當你天天如此時，沒有發現什麼特別，可當你失去它的時候，卻

What a dream really means? You'll never know.

夢與現實相反嗎？
你有所不知的 夢境大解析

會給你帶來一些意想不到的不良後果。所以，夢與人的身心健康有著非常密切的關係。

有人認為，做夢會影響休息，夜裡做夢後，白天感到疲乏困倦，影響健康。有人認為，記住夢是有害的，因為由於做夢，大腦才盡量從不需要的資訊中解脫出來；而另一種人則認為，做夢是一種解除疲勞的休息，而不是被動的補償。有夢睡眠可以有節奏地刺激大腦，使其保持一定的興奮水準，進而起到穩定身體的調節作用。

白天，人的大腦左半球工作最忙，它從感覺器官中接受資訊，進行加工，解決可能出現的各種問題。同時，大腦的右半球也在悄悄地工作，在不知不覺間，記錄下來那些自己來不及考慮的情緒和資訊。當人們入睡後，改由右腦主導工作。白天印在大腦半球裡的全部潛意識感覺變成了夢。這些夢，幫助人們排除那些懸而未決的問題，使人的精神更加愉快。

人的一生中，如果把做夢的時間加起來可能大概有六年，大多數的夢都記不清楚了，人們一覺醒來，夢消失了，也就遺忘了。但是，做夢是睡覺中大腦裡產生的幻覺，沒有夢人們甚至會發瘋。人的遺忘能力，對大腦來說

至關重要，每天所獲得的感官印象中，只有百分之一透過若干中間儲存階段，最後儲存到長期的記憶中。白天，主要是短期記憶儲存在工作，它的儲存能力很快會耗盡。人在做夢時，短期記憶儲存器在睡眠中得到清理，卸下舊的存貨，以便接受新的東西。

　　人類睡眠實驗室裡得出的結論是，你的精神負擔以及生活壓力越大，就越有可能做夢。失去工作或離婚這樣的打擊，也會透過激烈的夢得到處理。心靈的創傷，是透過夢而不是透過時間來治癒的。透過做夢，漸漸減弱，直至消除那些痛苦的回憶。因此，上了年紀的人會覺得以前一切都是很美好的。

夢如何預測身體的疾病

　　有個人夢見父親給他買了一頂帽子，他戴上了，發現帽子很高，但是有些緊，箍得頭有些痛。醒後果真感覺頭痛欲裂。原因是因為這個人工作很努力，常受到長官的表揚。長期積累的工作太辛苦，想為自己找個藉口請假休息，卻羞於開口，左右為難。在夢中，父親是長官的化身；表揚，即「戴高帽子」成為一個讓人頭疼的高帽子；事情非常難解決便引起了頭疼。

　　夢能預報疾病，既神祕又簡單。因為在明顯病症出現前，身體內部已經有了病理性改變。只是這種病變還不明顯。白天，人們心思紛亂，注意不到身體的輕微不適；而到晚上，敏感的潛意識則注意到了這種不適，於是把它轉化為夢境。

　　預示疾病的夢重點強調某處身體的異常感覺，而且在夢中把這種感覺編織到一個情節裡面。

　　《搜神記》中記載：「淮南書劉雅，夢見青刺蝟從

屋落其腹內，因落腹痛病。」其實夢前劉雅腹部已有微微不適，白天他沒有注意，而到晚上潛意識就以刺蝟入腹的夢情節解釋這一感覺。

清朝《蟲鳴漫錄》一書中有一個例子：某人夢見一個僧人向他要辮子，他同意了。第二天他把這個夢告訴了別人，也沒有在意，認為不過是一個夢而已。不料，不到一個月，他的頭髮竟然連根落盡。這也是同樣道理，做夢時他的頭髮一定已經有了輕微的異常感覺。

《太平廣記》記載，北齊有個叫李廣的人，夢見一個人從他身體裡出去，對他說：「君用心過苦，非精神所堪，今辭君去。」結果，沒過幾天他就得了病，一病病了好幾年。其實，潛意識在夢中把病因告訴了他，是過於用心思慮，是為了提醒他放鬆心情不要殫精竭慮。

有位學生舉了他自己的一個很奇異的例子：在他上大二時，一個冬天夜裡，他夢見彷彿被人倒掛在一棵樹上，難受極了，當時有一種不祥的感覺。於是，內心有個聲音告訴他：醒來，馬上坐起來，擺脫那種倒掛的感覺。但是冬天屋裡冷，他一懶就沒有起來，結果第二天早上高燒攝氏三十九點三度。第三天晚上，那種感覺又出現在夢

What a dream really means? You'll never know.

夢與現實相反嗎？你有所不知的夢境大解析

裡，他立刻坐起來，用力甩了甩頭驅走了它，結果第四天早上病好了。

夢與精神病、妄想症等心理疾病的心理狀態有著極為相似的特徵。康德說過，瘋子是清醒狀態的夢者；克勞斯說，精神病是神志清醒時的夢；索普威爾說，夢是短時的精神病，精神病是長久的夢境；佛洛伊德總結說，作為一種異常的病理現象，精神病週期性地呈夢境。 意念之間的荒誕結論與判斷力的喪失是夢與精神病的共同特徵。正常的做夢者並不就是精神病患者，正常的夢境並不就是精神病患者的幻境，但兩者之間又確實存在相似性。兩者都是願望的滿足。夢者透過做夢來滿足其在清醒生活中未能滿足的願望，精神病患者則透過假想和幻覺來滿足其在現實中遭受壓抑和挫折的願望，由於對自身心理能力的過分評價與想像的無時間性，兩者便顯示出相似的荒謬性。

因此，夢是疾病的指示器與預告牌，讀懂自己的夢境，有時可以幫助你儘早發現病症並擺脫病魔的侵擾。

病夢的形成機理及特徵

　　早在兩千多年前，中醫的經典著作《黃帝內經》便有多處論述夢的病夢機理，並詳細地記述做夢預示疾病的經驗。近代醫學研究者也發現了這個現象，並且不少的研究結果與中醫的許多觀點不謀而合。

　　研究發現，疾病往往容易引起噩夢，並且噩夢的內容與疾病的性質、情緒都有關係。病夢的含義，根據《中醫解夢辨治》一書的研究觀點，解夢容可包括下面三層意思：一是作為一個症狀與疾病過程中出現的症候性質一樣的夢境；二是由夢引起的各種症候時，此夢也屬於病夢；三是指能夠預示疾病發生和或痊癒或加重或死亡一類的夢境。相關研究表明，屬於第三種情況的病夢比較多見。

　　那麼，病夢一般是怎樣出現的呢？

　　近年來，由於神經、心理、生理、病理學的綜合研究，在夢的本質探討方面，積累了大量的資料，對於夢與疾病的關係，提供了客觀依據。從事人類夢境研究三十年

之久的美國科學家弗洛卡里博士認為：人體組織內生化作用的改變所形成的障礙，破壞了體內血液促進素的均衡，這種不平衡，將以特殊形式，從夢中反映出來。

病夢的機理一般是這樣的：病變了的器官是不斷地向大腦皮質發放衝動、傳遞資訊的，但是在疾病的初期，這些信號是很微弱的，我們之所以忽略了，是因為：一是白天有意識活動多，大腦皮質接受來自身體各個部位的各式各樣的強刺激，這就掩蓋了病變器官發放微弱的刺激，而不被人們所注意。二是因為腦幹對向上輸於大腦的資訊有篩選作用，我們的五官（視、聽、嗅、味、觸）所接受的各種資訊只有百分之一被傳輸上去，早期病變微弱的信號，因為不太影響人體正常活動，便被作為無關緊要的信號被篩選掉了。而到了晚上，人體進入第三種意識狀態即有夢睡眠後，一方面外界進入大腦的各種刺激大大減少了，這樣來自病變器官的微弱刺激，便相對地變得放大起來而引起腦細胞的反應。

另外，由於腦中肥大細胞群都處於無秩序的興奮狀態，使得清醒時很容易被篩選掉的信號暢通無阻地進入大腦，引起大腦皮質相應部位神經細胞的活動，並與清醒時

的印象聯繫起來，這便形成了能夠預示疾病發生及轉變的夢。

　　病夢一般都具有以下三個特點：一是病夢的重複性，即病夢每次出現的內容總是相似的；二是病夢的相關聯性，也就是說病夢的夢境與疾病部位總有一定的聯繫；三是病夢的相似性，即人體一定的生理、病理變化，會作為某種程度的刺激因素，引起一定的夢態思維。　病夢除具備上述三個基本特點外，還有一大特點就是預示性，而預示性的病夢往往是一個扭曲、變形的夢。但由於夢的預示作用目前研究得還不全面、不透澈，沒有掌握其規律性，所以夢的預示價值目前只能是提醒人們加以注意。

　　夢有時還可以反映疾病的發展和後續。國外對精神分裂症患者的夢進行研究的結果表明，精神分裂症患者對夢的回憶能力多半很差，他們或是否認做過夢，或是承認做過夢但想不起夢的內容，或是不能準確地描述夢境。

What a dream really means? You'll never know.

夢與現實相反嗎？你有所不知的 **夢境大解析**

噩夢的誘因與疾病預兆性

噩夢是指做內容恐怖的夢，並以引起焦慮恐懼為主要表現的睡眠障礙。

噩夢也屬於病夢的一種，幾乎人人都做過噩夢。一般來說，廣義上的噩夢指的是人因為某種外在的刺激或內心的情緒而從睡眠中驚醒，睡眠者可能會因焦慮、恐懼等造成情緒失控，並伴隨著尖叫、顫抖或流汗等生理現象，很多時候，睡眠者可能並不記得噩夢的具體內容，但會記得夢中那種被擠壓、高處墜落或窒息的感覺。常見的噩夢可以被分為以下三個類型：

一、夢魘

這種夢的特徵是令人極度恐懼，會因胸口的被壓迫感及負重感引起窒息，睡眠者會產生一種絕望而又無法動彈的感覺，產生的原因往往是間接的。

二、焦慮夢

這種夢往往由白天對某些事情的恐懼和擔憂引起。

三、創傷夢

這類夢的內容往往是夢者經歷過的險惡事件，如車禍、遭劫、被強姦等，在夢中重現。　對於睡眠者來說，噩夢真是一種既漫長又可怕的夢境，其主題也往往多種多樣、千變萬化。美國臨床心理學博士派特里夏・加菲爾德的研究表明，最常見的噩夢是被追趕，隨後依次是迷路、高處墜落、當眾出醜和受傷。德國睡眠研究所噩夢研究專家海富特博士則將噩夢具體分為被追趕或生命受到威脅、失去親人或喜愛的物品、迷路或身處完全陌生的環境三種主要類型。

在某種程度上，噩夢其實是人們擔心的恐怖場景在大腦中的「預演」，所以噩夢中的場景一般都會極其「逼真」。人在做噩夢時，不但會經歷具體事件的整個過程，甚至連事件發生的環境、氛圍都非常明晰，做夢者有時會親身參與到夢中的恐怖事件裡，有時候則是旁觀觀靈異事

件、戰爭場面或天災人禍。恐懼的情緒與逼真的細節會令睡眠者誤認為自己真的陷於上述場景中，且無法脫身。

佛洛伊德認為，夢是未實現的願望。因此，噩夢某種意義上說是一種潛意識思想擺脫「稽查者」使患者身心受擾的夢。典型的噩夢一般都有明顯的誘發因素，常見的噩夢誘因主要有七種：

(一)外界環境對人體的刺激。

(二)精神受刺激：過去的精神創傷、曾經受過虐待和折磨，均可引起經常性的噩夢。

(三)兒童時期的驚嚇：兒童在睡眠中夢見危及生命安全的恐怖事件，如被怪獸追趕、遭遇強盜等，可能與現實生活中受到的驚嚇有關。

(四)迷信思想的影響：鬼怪小說、恐怖影視作品等均有可能誘發人的噩夢。

(五)生活中的不悅情緒：生活中的與人發生糾紛，或被別人欺侮，或受到不公平的對待，或有嫉妒心理、報復心理、鬱怒情緒等，均可引起噩夢。

(六)不良的飲食習慣：比如吃甜食過多容易引起噩夢。

(七)睡眠姿勢不當：如枕頭過高、過低，仰臥時手放

在胸前，左側睡眠、伏臥睡眠均可引起做噩夢。

　　人在做噩夢時，以上因素不一定是單獨發揮作用，有可能是兩種及兩種以上同時作用於睡眠者，進而加深人在噩夢中的痛苦體驗。

　　有個女孩曾反覆做同一個噩夢，每次都夢見一隻老鼠在啃橘子，還有一次她夢見自己饑餓難忍，但唯一的食物是那顆被鼠啃過的橘子。這個噁心的夢境讓她感到煩躁不安，在那個反覆出現的噩夢中顯示了饑餓與令人噁心的食物中有一種衝突。

　　其實這種與她曾有過的一次住院經歷有關。她當時與一個身上多處被鼠咬傷並患鼠疫的人同住在一間病房裡。醫生們傳閱著那個病人住過的老鼠成災的屋子的相片，而且也給這個女孩看了這相片。出院後，她一週內要做上兩三回這樣的噩夢。

　　醫生建議她去動物園看看那些關在可愛的籠子中的老鼠，那些白鼠幾乎根本不像那醜惡的家鼠。透過一系列的治療，她逐漸能容忍將籠中的鼠放在她的屋子，於是噩夢也隨之消失了。

　　醫學專家們經過長期研究發現，除去心理因素的影

響，一些反覆出現的噩夢與人的身體健康狀況有關，也就是說噩夢具有預兆疾病的作用。因為很多身體疾病和精神疾病在潛伏期間不會呈現出明顯的症狀，特別是在大腦細胞頻繁活動的白天，處於興奮狀態的腦細胞很難察覺到體內發生病變的刺激性信號，到了晚上，大部分細胞進入「睡眠狀態」，仍在「工作」的腦細胞受到的刺激相對減少，進而可以敏銳地捕捉到病變的刺激，並產生預見性的夢境。

　　比如夢中被追逐，心中恐懼卻叫不出來，跑不動，驚醒後心有餘悸、大汗、心跳加快，如上狀況的出現可能與心臟冠狀動脈供血不足有關；如夢到氣管被不明物體卡住或脖子被人掐住，呼吸不順暢而窒息，這可能預示著做夢者的呼吸系統存在病變。

夢與瀕死體驗

　　所謂的「瀕死體驗」，就是體驗瀕臨死亡的感覺，是指某些受嚴重創傷或罹患重病但意外獲得恢復的人所敘述死亡來臨時深刻的主觀體驗。夢則是人們大腦中的一種幻覺，或者說是自己腦子中能看到的圖像，而別人卻無法與你同時體驗這種感受。「瀕死體驗」與做夢具有類同的性質。研究認為，瀕死體驗是處在沒有意識的間歇，所獲得的一種與夢相近的內容，可以認為是處於像做夢那樣的狀態。

　　一般來說，人在瀕死狀態下沒有自我意識，所以人應該是處於潛意識的控制之下的。由於潛意識是控制夢的中樞，因此說瀕死體驗則是人們所做的一場生死夢。

　　據一九七六年唐山大地震的一組調查研究資料顯示，八十一例瀕死體驗的人們，其瀕死體驗可歸納為四十類，但近半數的人產生過意識從身體中分離出去的感覺，覺得自己的形象脫離了自己的軀體，悠然飄浮在空中，還

What a dream really means? You'll never know.

夢與現實相反嗎？
你有所不知的 夢境大解析

有的看到自己的軀殼仍然躺在床上。專家對一系列瀕死體驗案例的研究結果顯示，瀕死體驗的過程主要表現為生活回顧、意識與軀體分離、軀體異常、世界毀滅、死亡矛盾、時間停止感以及情感喪失等。

綜觀各地的瀕死體驗研究結果，似乎有以下共同點：

一是透過隧道的體驗。通常是從黑暗的或昏暗的隧道急速上升，好不容易來到一個陌生的地方。也有人說透過明亮的「雲狀的層」，在此期間，不少人還感覺到奇妙的聲音或震動感的體驗。

二是與光的遭遇。在伴隨第一種情況的同時，還發生與「光」飛速接近的現象。

三是到過「某個地方」。一般是一個美好的地方或者場面，猶如宗教中所指的「天國」。這是形成瀕死體驗的高潮。在這個地方人們體驗到瞬間四周靜悄悄，孤獨寂寞；或是聽到「趕快回去，履行生的義務」的聲音。

四是回歸肉體。在瀕死狀態下做過這樣一連串體驗的人們，最終「靈魂」急速或緩慢地回歸自己的軀體，直到身體恢復意識。事後，有的人還能清楚地回憶起全部過

程，也有人遺忘了這個過程。

　　心理學家肯尼斯・賴因格，將人類的瀕死體驗分為五個階段：一是安詳和輕鬆，有此種感覺的瀕死體驗者約占百分之五十七；二是意識「逸出」體外，有這種感覺的人約占百分之三十五；三是透過「黑洞」，有此感覺的約占百分之二十三；四是與親朋好友歡聚，他們全部形象高大、光環縈繞，好像天使一般；五是與宇宙合二為一。

　　薩鮑姆在《死的回想》一書中把瀕死體驗分為三類：一類是自體幻視的瀕死體驗；另一類是超越的瀕死體驗；最後一類是組合的瀕死體驗。

　　對於為什麼會出現如此奇特的夢幻體驗，科學家則認為，這與當事人受的教育、經歷和個人的性格及品性有關。也有的科學家指出，人在死亡降臨的一瞬間，短時間內的主觀體驗一般來說是類似的——尤其是相信有天堂存在的人在西方比比皆是，所以便容易產生類似的瀕死體驗。

　　生物學家羅蘭・西格認為，每個人在死亡時，大腦會分泌出過量的化學物質，這些化學物質有些能引起奇特的幻視。

　　佛洛伊德曾經說過：「夢所要象徵的事物並不多，只包括人體、父母、孩子、兄弟姐妹、出生、死亡、裸體以及一些難以啟齒的東西。」而人的瀕死體驗，其實正好表明了人在瀕死前一種生與死的夢幻，那種天人合一的感覺，也是人類最終的歸宿。

　　瀕死體驗是一種涉及生物學、醫學、心理學等眾多學科研究的熱點，因為人的意識研究可能是科學界最後的難題。有這樣一種說法：自然的智慧都賦於人的大腦之中，尤其是一些超前的理念與智慧，都已經賦於人的大腦，但現代人對人的大腦的科學認識仍然十分有限。

夢境預示五臟的健康狀況

　　人在睡眠中的各種夢境與身體健康狀況有關，一些具體的夢境往往預示著身體某些部位發生了病變，或者也可以說一些患有固定疾病的人夢中常常會出現類似的情節或場景。人的五臟六腑的健康狀況也大多能從夢境中反映出來。

一、常夢見草木陰森，有可能是肝出了毛病。

　　《黃帝內經‧素問》中對於肝的形象有著這樣的描述：「肝者，將軍之官，謀慮出焉。」這就是說，如果把人體比作是一個國家的話，肝就是這個國家的將軍。肝屬木，主生髮，喜調達，具有藏血的功能。可以說，肝是保衛「國家」（即人體）的一個將軍，與膽相表裡，能夠互相作用，維護人體的正常運轉。

　　事實上，人的肝是很脆弱的。而且肝臟是個「沉默的器官」，它不到萬不得已不會給「主人」提供健康警

報。如果一個人的肝出了問題，一般會做一些和綠色有關聯的夢。我們雖然不敢斷定這之間有著絕對的因果關係，但這至少是對有肝病的朋友是一個友情提示。

　　患酒精肝的病人，常常會夢見身穿綠色衣服的精靈追趕著他，可是他無論如何就是跑不快，始終無法逃脫；而患脂肪肝的人，多會夢見自己在一個環境優美的野外和村莊，無憂無慮地釣魚、採摘野果，有的還會夢見自己一望無垠的大草原上放風箏；肝癌患者的夢境往往也和綠色有關，不過有的比較恐怖。比如，有著患者會夢到一些皮膚發青的怪獸，手提大刀追著自己猛砍，回憶起來讓人心有餘悸。

　　中國古代中醫認為，肝屬木，《黃帝內經》中還明確地將肝病和綠色的草木聯繫起來，比如「肝氣虛則夢見茵香生草，得其時則夢伏樹下不敢起」等論述，正是對上述論述的理論支持。所以，如果一個人經常夢到草木和綠色森林的時候，一定要及時去醫院檢查肝臟。

二、常夢大火燒身，警惕心臟疾病。

　　許多心臟不好的人，會經常做一些和火有關的夢。

比如，夢見房子被燒毀，燒得濃煙滾滾，火光沖天，自己也被大火燒身，大聲呼救卻怎麼也喊不出來。這樣的夢你如果也經常做，那可要小心了，有可能是心臟出了問題。

《黃帝內經》中明確指出：「撅氣客於心，則夢見丘山煙火。」心臟產生血液，血的顏色是紅的，五行之中屬於火，為陰中太陽，其華在面。開竅於舌，以汗為液。所以出現火災山丘之類的夢境，要及時檢查自己的心臟。

三、常夢見飛升或金屬物體，及時檢查你的肺。

《黃帝內經》中說：「肺者，相傅之官，治節出焉。」通俗地講，肺就相當於一個王朝的宰相，一人之下，萬人之上。肺雖然高高在上，有「華蓋」之稱，但是肺葉很嬌嫩，不耐寒熱，易被邪氣侵襲，故有「嬌臟」之稱。它的主要功能是主氣、司呼吸，主宣發和肅降、通調水道，外合皮毛，開竅於鼻。

那麼，哪些夢境的出現是對於肺的健康提示呢？《黃帝內經‧靈樞‧淫邪發夢篇》中提到：「厥氣客於肺，則夢飛揚，見金鐵之奇物。」如果你常常夢見自己飛了起來，或是看到一些奇怪的金屬物體，就要檢查一下你

的肺了。我們都知道，肺的作用是呼吸，和輕揚上浮之氣打交道，按照中醫五行的理論，肺屬金，故而會出現這樣的夢象。

四、夢裡溺水，應當提防腎氣不足。

腎是人體重要的臟器，是身體生命活力的源泉，因此「腎為先天之本」。腎臟分佈在腰椎兩側，狀如蠶豆，雖然很容易受傷，卻也異常堅強，屬於「輕傷不下火線」那種類型的器官，有了病也一聲不吭硬扛著，到了實在扛不住的時候，人們再想施救，為時已晚。所以，有時腎臟的一些情況需要夢境來提醒。

《黃帝內經・靈樞・淫邪發夢篇》中有一種說法：「厥氣客於腎，則夢臨淵，沒居水中。」這是什麼意思呢？就是說當邪氣侵襲到人的腎，就會夢見自己被水淹沒，根本無法呼吸，非常壓抑。五行之中腎屬「水」，之所以屢屢出現這樣的夢境，是因為腎水虛。

五、夢見風雨中房屋倒塌，可能是脾不好。

中醫認為脾為「後天之本」、「倉廩之官」，用現

代話說，脾就是我們身體內部的「後勤部長」。

脾最大的功能就是主運化，可以運化水液、水穀，把吃進去的糧食、水穀等精微營養物質以及水液輸送到其他的臟器，起到一個傳輸官的作用。這種作用對生命來說是非常重要的，中醫把它稱為後天之本。先天的根本在於腎，後天在於脾。

《黃帝內經‧靈樞‧淫邪發夢篇》中曾提到：「厥氣客於脾，則夢丘陵大澤，壞屋風雨。」也就是說，你如果長會夢見房屋在風雨中倒塌，就要當心是不是自己的脾出了問題。

因為按照中醫五行理論，脾在五行之中屬「土」，從濕而化，土虛則不能克水，進而形成了風雨大澤，房屋也因為土的鬆動而倒塌。

類似的夢境還有，夢見山洪爆發，泥土被侵蝕，或者丘陵被沖毀，大壩被衝垮或決堤，都可以理解為「土」虛不能克水，也就是脾虛。

脾虛是中醫上的概念，飲食不規律，心情不好　勞累過度都會引起脾功能虛衰和不足。脾虛的表現是精神疲倦、疲乏無力，食後困倦、食欲不振。值得注意的是，這

些關係並不是絕對的。偶爾出現類似的夢境，不必過於緊張。但是，如果你經常做這樣的夢，最好還是做一些相關的醫學檢查，同時，還要注意日常飲食，進行適當的體育鍛鍊，以保養好我們的五臟器官。

夢與胃腸疾病

夢境中的現象也跟你的消化系統的運動和疾患有關係，人們在睡眠的時候消化系統並未停止運動，而是在新陳代謝的作用下完成著吸收和排泄的工作。當胃腸的某一部位出現異樣時，休眠的身體就會產生預警，於是透過大腦中的幻想達到預警作用。以下就舉出幾個例子，幫助我們完成對夢境的解析。

一、夢見最不喜歡吃的食物，當心消化性潰瘍。

消化性潰瘍是一種常見病、多發病，因潰瘍的形成和發展與胃液中胃酸和胃蛋白酶的消化作用有關，因此被稱為消化性潰瘍。潰瘍主要發生在胃和十二指腸，飲食不規律的人很容易得這種病。

俄國著名的神經病理學專家卡特金提出，病人在出現明顯的病狀前，常會做內容大致相同的病。他的一個病人非常討厭吃番茄，而番茄卻多次在這個病人的夢中出

現，每次他不想吃，卻無法控制自己。卡特金透過對這個病人的瞭解和分析，得出的結論是：凡是夢見自己不喜歡吃的東西長期出現在夢裡，這是消化性潰瘍的前兆。

　　夢中出現自己不喜歡吃的東西，這其實就是消化系統透過夢境傳達出來的一個信號，說明人的消化系統出現了問題。常見的消化性潰瘍病患者主要表現為上腹疼痛，胃酸分泌過多、惡性飲食刺激、精神刺激、藥物刺激都可導致。消化性潰瘍依照發生部位可分為胃潰瘍、十二指腸潰瘍，大部分的患者會感覺噁心嘔吐、食欲不振、胃脘燒灼感、悶痛脹痛、饑餓痛，甚至劇烈疼痛。嚴重的話會有解黑便、吐血、胃穿孔、幽門阻塞等症狀出現。

二、夢見地震中搶食，要及時自我安「胃」。

　　人體的生長發育、維持身體正常運行所需要的一切營養物質都要靠脾胃供給。胃是後天之本，也是氣血生化之源，是製造精血的源頭。我們身上的精血全是透過胃消化食物而來的。胃病一直以來都是讓許多人頭疼的疾病，尤其是胃炎、胃潰瘍，那種隱隱作痛的感覺讓人手足無措。因為不是持續疼痛，很多人就「忍」了，覺得沒什麼

大不了的。其實，如果你注意一些夢境中的健康提醒，就會及早發現胃炎、胃潰瘍，透過恰當的治療讓它們知難而退。著名中醫學家李思博老師在他的《由夢說健康》一書中講述了這樣的病例：一個高中生經常夢見自己身處在一場大地震中，可是自己卻沒有驚慌逃命，而是趴在一棵大樹下面大吃特吃腐爛的食物，很難受又吐不出來，往往到這個時候便從夢中驚醒。

李老師認為，這個高中生的胃有問題。這個奇特的夢實際上是非常明顯的信號，在地震中搶食，地震本身就是動盪之地，腐爛的食物讓人感覺難受，夢醒以後嘴裡還會有異味。再明顯不過了，這分明就是胃把自己的不舒服透過夢境傳遞出來。

當然，世界上沒有完全相同的兩片樹葉，也不可能有完全相同的夢境。但是，如果你生活中確實做過類似的夢，不妨去醫院檢查一下，多安慰一下自己的胃。特別是一些已經檢查出的胃炎患者，要多吃高蛋白食物及高維生素食物，可防止貧血和營養不良。如瘦肉、雞、魚、肝腎等內臟以及綠葉蔬菜、番茄、茄子、紅棗等。

注意食物酸鹼平衡，當胃酸分泌過多時，可喝豆

漿、吃饅頭或麵包以中和胃酸；當胃酸分泌減少時，可用濃縮的肉湯、雞湯、帶酸味的水果或果汁，以刺激胃液的分泌，幫助消化。急性胃炎患者宜吃有清胃熱作用的清淡食品，如菊花糖、馬齒莧等。慢性胃炎患者宜喝牛奶、豆漿等。胃酸少者可多吃肉湯、山楂、水果等，少吃花生米。要避免食用引起腹脹氣和含纖維較多的食物，如豆類、豆製品、蔗糖、芹菜、韭菜等。

胃潰瘍也是消化系統常見疾病，其典型症狀表現為饑餓不舒服，少食就會飽脹噯氣、泛酸。餐後定時的慢性中上腹疼痛，嚴重時會有黑便或嘔血。

三、夢中牙齒脫落，保護胰腺是關鍵。

人的身體中有個非常不顯眼的小器官，形狀就像牛的舌頭，它就是胰腺。「麻雀雖小，五臟俱全」，胰腺雖小，作用卻不少。因為它是一個兼具內外分泌功能的腺體，它的生理作用和病理變化都關乎著人的生命。胰腺分泌的胰液中的好幾種消化酶在食物消化過程中起著重要作用，特別是對脂肪的消化。

但是，胰腺的也很脆弱，不允許細菌對它有絲毫的

「冒犯」，否則它就會「發飆」，輕則讓人上腹劇烈疼痛，重則危及生命。所以，一定要謹慎對待這個胰腺這個嬌小的器官。

其實，胰腺不好的人，可以從夢境中窺見一二。生活中如果有人夢見自己滿口牙齒脫落，掉進喉嚨裡面，那你就要小心保護自己的胰腺了，這是一個明顯的信號。這個夢就是在暗示身體的零部件除了問題，而掉進喉嚨裡則和消化系統中的胰腺有關，所以這樣的夢是在提醒你注意自己的胰腺，有可能是胰腺炎。

胰腺炎歸根結底就是不良飲食習慣造成的，暴飲暴食可以說是造成胰腺炎的「罪魁禍首」。通常，胰腺所分泌的胰液和膽汁匯合後進入十二指腸，被啟動後參與食物的消化。膽道疾病可造成膽道通往十二指腸的出口不全性梗塞，胰液排不出。這樣就會造成胰管內壓力升高，啟動了胰液中的消化酶，直接會消化細胞組織中的蛋白，造成急性胰腺炎。

四、夢見田野，小心大腸有恙。

中醫認為「大腸者，傳導之官，變化出焉。」水穀

被小腸吸收之後，那些糟粕和少量沒有被吸收的水穀精華仍然是清濁混雜，但是濁的多清的少，這時就需要大腸來傳輸。傳輸的過程就是要在大腸中進行最後的過濾以分別清濁。清者，包括一些營養和水最後被徹底吸收和利用；濁者，也就是那些糟粕會被送到魄門也就是肛門，最後被排出體外。

大腸是如此重要的器官，因此我們平常要細心呵護。如果你夢中經常出現一望無際的田野，那你就應該慎重檢查一下自己的大腸，看是不是出了什麼問題。《黃帝內經‧靈樞‧淫邪發夢篇》中曾提到：「厥氣客於大腸，則夢田野。」邪氣滯留在大腸，你就會夢見田野。原因在於，大腸為人體的水穀傳導之通路，而田野則為穀物生長之地，因此做這樣的夢。

腸道疾病最可怕的就是結腸癌，是一種致死率很高的癌症。因此，做腸道檢查必須要檢查這一項。如果一旦查出患有結腸癌，也不要過於悲觀，早發現早治療，積極採取治療措施。由於結腸癌早期沒有太明顯的症狀，只是便數增多，患者都會以為是腸炎或者便祕，都不在意。偶爾會出現粘液便，由於腫瘤發展速度很快，千方百計奪取

腸道營養，釋放毒素，所以病人會出現貧血、低熱、消瘦等中毒症狀，腹部會出現包塊。到了晚期，會出現可怕的腹水、腹腫，甚至會連累到肝細胞、鎖骨淋巴結。所以，我們要儘快治療。

當然了，結腸癌關鍵是要預防。現在治病這麼貴，如果能將自己的身體調養好，做到「治未病」，那才是最理想的。結腸癌的發病和人們的飲食習慣、生活方式和環境因素以及遺傳都有著密不可分的關係。那麼，如何預防結腸癌呢？

一、飲食不要過於「精細」。

減少「紅肉」的攝入，多吃富含纖維素的食物。比如新鮮蔬菜和水果，適當吃些粗糧，不吃發黴的食物。

二、保護良好的生活方式。

控制體重和有規律的體力活動是預防結腸癌的有效方法。不要吸菸，尼古丁也是導致結腸癌的「兇手」之一，酒精更是結腸癌的「親密戰友」，所以一定要遠離菸酒。

三、排便清腸很重要。

防止便祕，因為糞便在腸腔內停留的時間過長，使大便內的毒素與腸粘膜接觸時間延長，腸壁在毒素日久的刺激下發生癌變。

四、高風險人群定期檢查。

如有結腸癌的高風險因素存在——家族遺傳史，那應該定期去檢查，一旦發現有癌變趨向時，應該及時將癌變殺死於萌芽階段。

五、夢裡狂擠公車，提防嘔吐和梗阻塞。

進食後的嘔吐和進食障礙阻塞，是消化系統常見病症。嘔吐與梗阻塞在醫學上，並不是單列的一種病，它只是一種身體病變的症狀，通常由其他疾病的出現而出現，如食道弛緩、急慢性胃炎、食物過敏、神經性嘔吐等。嘔吐與梗阻常常是來自於胃、食道以及全身器官的病變。但是這種症狀可以從夢境之中獲得一些疾病信號。

如果你夢見自己要坐公車去上班，看見很多人在等車，眼看著公車來了，別人都陸陸續續擠上去了，你卻處

在中間，怎麼都擠不上去，人不停地上下，沒完沒了，急得你大叫……這樣的夢就是一個直接反應嘔吐和梗阻的病夢，因為這種病狀常與心理受到刺激（緊張刺激、不良食物刺激）有很大關係，生活中的煩惱都可能影響食道的功能，重大刺激有短暫的嘔吐發生。

科學研究發現，情緒在激動時，病人食道的收縮呈非推動性的，食物在食道中「徘徊」不前。如果精神受辱及攻擊性、自我懲罰性的作用加強，食道的順性蠕動有所減緩，出現吞吐受阻的症狀。如果一個人夢中擠車，不停地有人上車、下車，唯獨他在那個地方欲上不能，欲下不能。那個車廂何不看做是一個大胃呢？不停蠕動導致人流上下，只有那個做夢的人例外，那他自然就是一個患病的人了。

同理，有嘔吐和梗阻症狀的人，他的夢中就會出現擁擠、流水不暢等情形。要消除不良刺激，患者就要想辦法疏泄自己的煩惱，尋找不良情緒的根源，然後儘快緩解。放鬆療法對於緩解緊張情緒有大幫助，在患者對某事物有緊張反應時，應以其他事物來轉移其注意力，可使心情愉快和平靜，消除其應激症狀。神經性嘔吐可能是自發

的，也可能是誘發的。如果人在生活中遭遇嚴重煩惱或抑鬱，應輔以鎮靜和抗抑鬱的藥物。

六、夢見栽贓陷害，別讓便祕盯上你。

我們經常從電視廣告裡看到，便祕的人表情十分痛苦，對他們來說，排便更像是在打一場曠日持久的戰爭。那麼，究竟什麼是便祕呢？便祕是指排便次數減少，每兩至三天或更長時間一次，無規律性，糞質乾硬，常伴有排便困難感，是一種臨床常見的症狀。

那麼便祕這種問題，在我們的夢境中以什麼形式出現的呢？著名醫學家李思博老師在《由夢說健康》一書中提到：如果夢中出現了栽贓此類的情緒夢境，是腸胃給身體的暗示，腸神經是非常的敏感，如果被大量的垃圾壓得喘不過氣，它就會把自己的「近況」傳給腦神經，腦神經只好透過夢來提示你，便祕很可怕。所以出現情緒類夢境，一定要重視自己的身體，尤其要小心別讓便祕盯上你。

便祕不是一種具體的「病」，而是由於身體生理能力不正常所引起的反應，便祕多見於老年人。可分為急性

與慢性兩類。急性便祕多由腸梗阻、腸麻痺、急性腹膜炎、腦血管意外、急性心肌梗塞、肛周疼痛性疾病等急性疾病引起，主要表現為原發病的臨床表現。

　　慢性便祕多無明顯症狀，但神經過敏者，可主訴食欲減低、腹脹、噯氣、發作性下腹痛、排氣多等胃腸症狀，還可伴有頭痛、易疲勞等神經官能症症狀。症狀的發生可能與腸蠕動功能失調有關，也可與精神因素有關。由於糞便乾硬，或呈羊糞狀，患者可有下腹痙攣性疼痛、下墜感等不適感。

What a dream really means? You'll never know.
夢與現實相反嗎？你有所不知的 夢境大解析

夢與五官疾患

具體的夢境除了與人體內的臟器有關，還能揭示五官的疾患。通常，我們可以從以下具體的夢境中得到五官疾患的預警信號。

一、經常夢見李樹，留心角膜潰瘍。

角膜是眼球最前面的一層透明的薄膜，經常暴露在空氣裡，接觸病菌機會多。常因異物等外傷，角膜異物剔除後損傷以及沙眼及其併發症、內翻倒睫刺傷角膜，細菌、病毒或真菌乘機而入，引起感染而發生角膜潰瘍。

席永君先生在他的《夢診》一書中指出：夢見李樹則常常預示著你的角膜開始發炎，並最終轉化成角膜潰瘍。席永君先生還舉了兩個例子：一個單眼發病的工人由於母親病故，悲痛難忍患上了角膜潰瘍，但是他患病之前曾夢到一棵茂密的李樹，上面找不到一顆李子，只有葉子往池塘裡掉；而第二位是個女患者，她因為婚姻破裂整天

悲痛過度，雙眼患病，而得病之前她也曾夢見李樹。

　　這些案例聽上去有些蹊蹺，雖然目前並沒有夢見李樹與患角膜潰瘍的理論依據，但還是應該引起人們的注意，一旦夢見李樹，且出現了如瞳孔的形狀和位置出現偏離、眼睛上總是出現白色黏液或小黑點等不正常的現象，應該及早去醫院確診。

二、夢見大雨下不停，白內障易找上門。

　　一些老年人在描述自己的夢境時常常提到自己晚上夢見下大雨，雨水把道路都沖毀了。其實，這是在提醒老年朋友們要注意，一種常見的疾病就要找上門了，它就是白內障。大雨本身就是水狀物體，下雨時沖起的泥沙常常渾濁不清，並且雨線很密集，只有近處才可看清，而遠處則是朦朦朧朧的。故一般夢見大雨，有可能是白內障的前兆。

三、夢中驚現火腿，可能是中耳炎的前兆。

　　中國古代醫書上記載了一個著名的夢診病例。

　　清朝中葉有一個叫林葉獻的考生，秋考完之後的一

天晚上和朋友飲酒賞月，由於喝酒過多，他迷迷糊糊地在野外睡著了。

夢中他見到一個樹林裡面到處都懸掛著火腿，每一根火腿都好像剛從火中烤好一般，橙黃色的油正一點一滴從火腿上留下來，他想伸手去拿，誰知所有的火腿一齊冒出煙來。煙嗆得他不能忍受，立刻從夢中驚醒。

這位書生還頗為得意，特地賦詩一首，題為《秋夜野夢》來紀念這個詭異的夢：

梅嶺秋夜訪長庚，獨臥平崗霧深沉。

夢中金華無小妾，天光一炫耳入聲。

這位詩人回到客棧不久便感到耳內發熱，結果被確診為中耳炎。

我們都知道，人耳由外耳、中耳、內耳、耳廓四部分組成。中耳介於外耳和內耳之間，內有三塊互相連接的聽骨，也叫鼓室。上面那位考生夢中的火腿實際上就是人的中耳形狀，而夢中火腿冒煙火，正是預示著耳朵要發炎（諧音「煙」）。另外，詩中最後一句「天光一炫耳入聲」，便是說夢中有火光閃進耳中，耳內通紅實乃是拜所謂的「天光」所賜。

四、夜半夢聽鐘聲，當心耳鳴來擾。

耳鳴就是指在沒有任何外界干擾的情況下耳內鳴響的一種主觀感覺。雖不是什麼大病，著實讓人心煩意亂，甚至比耳聾更讓人痛苦不堪。值得注意的是，這是耳聾的前兆。出身於中醫世家的李思博先生在他的《由夢看健康》一書中舉了這樣的一個例子：一位老教授在夢中聽見了古寺中傳來悠揚的鐘聲，聲音越來越低，攪得他心神不寧，結果沒過多久老教授便被耳鳴困擾上了。

在李思博先生看來，夢中出現鐘聲，即是耳鳴的先兆。耳鳴的誘因很多，疲勞、失眠、緊張、焦慮、神經衰弱都會引發或者加重耳鳴。咖啡因和酒精常常使耳鳴症加重；最好不要吸菸，吸菸會使血氧下降，而內耳毛細胞又是一種對氧極其敏感的細胞，所以缺氧會對毛細胞造成損害。盡量不要居住在嘈雜的環境裡，長時間的雜訊接觸，均能導致聽力下降和耳鳴產生。

五、夢裡破財，其實是鼻子有災。

鼻子是我們身體上的一個重要器官，它幾乎可以控

What a dream really means? You'll never know.

夢與現實相反嗎？
你有所不知的 夢境大解析

制我們所有的要害系統。例如，人塞住自己的鼻子，改用口呼吸，不用多長時間，血液中的氧氣含量就會減少，二氧化碳含量就會增加。這種變化對身體又產生了一個強烈刺激，使動脈壓力突然增大，眼內血壓下降，導致眼血管系統淤血。

再如，鼻子如果不通氣，會立刻改變胃液的酸度，減少膽汁分泌，影響肝和腎的功能。鼻子本身又是一個獨立的器官，鼻子保護我們的肺不致直接暴露在外界的污染環境中，起著空調器和篩檢程式的雙重作用。鼻腔在我們人體的嗅覺和味覺功能中扮演重要角色。所以鼻子的「不安分」要引起我們足夠的重視。

李思博先生的《由夢說健康》一書中提到，如果一個人在夢中常常夢見自己的財物意外丟失、公司意外破產或夢中常被形形色色的小人欺負和刁難，這時候應該小心自己的鼻子，千萬別讓鼻子出問題。為什麼這樣說呢？鼻子是面部的最高點，代表著一個人的地位，夢裡財物離身，被壓抑著，被壞人欺負，則暗示著鼻子出現了問題，最為常見的毛病就是鼻子出血。

六、夢裡狂歡，小心咽喉要道。

咽喉是人體飲食與呼吸的通路，食物透過咽從食道進入胃腸為身體提供營養，空氣透過喉從氣管進入肺為身體提供氧氣。咽喉也是人體的語言發聲器官，我們在形容某個地方非常重要、是所屬區要害之處時經常會用到一個詞「咽喉要道」，從這些都可以看出咽喉在人體中的重要意義。因此，咽喉的保健也有重要意義。

曾有一個患者夢見自己和很多人在廣場上，燈火通明，許多人聚在一起喝酒唱歌，十分快活。李思博先生從這個患者的夢中敏銳地感覺到，患者的咽喉出了問題，極有可能是咽炎。這一推斷並非毫無根據，患者夢中飲酒作樂，其實就是咽喉透過夢來告誡人的大腦，別再喝酒了，你的身體可能已經處於崩潰的邊緣了。

夢與健康的祕密，實在是很玄妙。夢就像是人類健康的一面鏡子。看似荒誕不經的夢象，其實有著種種難以言說的隱意。只要我們破譯了夢境之中有關健康的密碼，就能夠及早地做好心理準備，做到防患於未然。

夢境與女性生理有什麼關係

　　科學家對照研究了男女兩性的大量夢境，發現了一個非常有趣的現象，做夢也是男女有別。從內容看，女性的夢往往帶有鮮明的情緒色彩，內容多為食物、衣服與個人的外表；而男性則常夢到其他男人、暴力、性、工具、汽車與武器等。

　　再看場景，男性的夢境多在戶外，而且常常是不熟悉的地方；女性的夢多發生在室內，出場人物多，情節更加曲折，還會夢到她們熟悉的家居物品。

　　進一步研究發現，夢境中的一些資訊直接會影響了人們生理上的健康，那麼女性生理問題是怎樣在夢境中表現的呢？我們又應該如何應對這些夢境呢？

一、夢見囚犯，一定要保護乳房。

　　女人的乳房經常被疾病困擾，因此要要常做乳房的檢查，以防發生疾病。在自我檢查的過程中，應當仔細觀

察每一側乳房的外觀，大小、皮膚的顏色或乳頭顏色的變化，乳房是否有濕疹，或者皮膚是否出現凸痕，兩個乳頭高度的差別，乳頭有無液體或血液流出。如果乳房有明顯變化，妳就要注意了。

對於多數東方女性來說，觸摸自己的雙峰似乎是件極其尷尬的事情，因此很少人會養成這樣的習慣。其實乳房的自檢還可以透過夢境窺見一些疾病。如果女人的夢中出現有關監獄，或者夢見囚犯之類的人，就暗示著乳房受到疾病的侵襲了，有一種恐懼感，而由於這種侵擾也比較細微，一般不容易覺察到，比如乳腺增生，這種病就極為隱蔽。

乳腺增生是指乳間質的良性增生，是婦科常見病之一。乳腺增生多發於二十五至四十歲之間，其病因與卵巢功能失調有關。主要表現為乳房單側或雙側有多個大小不等的腫塊，質韌實或囊性感，界限不明顯，活動度好，常於經前增大，經後縮小，自覺乳房脹痛。

乳腺增生是一種慢性病，是體內內分泌激素失調。中醫認為，乳腺增生是由於各種原因導致肝鬱氣滯或沖任失調造成，臨床上應予以疏肝解鬱，調攝沖任為大法進行

辨證施治。肝鬱氣滯，乳房的一側或兩側就會出現腫塊或疼痛，腫塊和疼痛與月經週期有關，一般在經前加重，行經後減輕，伴有心情不舒暢，心煩易怒，胸悶氣短。

　　治療疾病是一方面，女性要愛護自己的乳房，關鍵是要靠日常的保養，乳房的健康來自於每天的呵護。要想乳房健康，避免乳房疾病，就要做到以下幾點：

　　其一、保持愉快的心情，避免抑鬱。

　　第一，女人要性格開朗。「藥補不如食補，食補不如神補」，所謂的神補就是調神，關鍵點就是要「調理神明」，使五臟的神變得更好。調神就要求女人的心要寬一點，盡可能不生氣或者少生氣。

　　第二，培養愛好，加強修養。女人要有點事做，如果喪失了自我追求，很容易在小事情上想不開，進而影響情志，患乳房疾病。所以，要多培養愛好，讓自己有事情做。

　　其二、營養要充足，不要挑食、偏食。

　　遵循「低脂高纖」飲食規則，多吃全麥食品、豆類和蔬菜，控制動物蛋白的攝入，同時注意補充適當的微量元素。不要挑食和偏食，否則妳的乳房就會「縮水」。

其三、合適的胸罩很重要。

根據自己乳房的情況戴質地柔軟、大小合適的胸罩，使乳房在呈現優美外形的同時，還能得到很好的固定和支撐。

其四、保持乳房的清潔。

要經常清洗乳房，特別是乳頭、乳暈部位，這對於先天性乳頭凹陷者來說尤為重要，因為如果內藏汙物，久而久之就會產生炎症。

其五、保持正確的身姿。

脊柱伸直，肩部後壓，收腹，在這種姿勢下，乳房立刻抬高了好幾釐米。坐與行時，注意自己的姿勢，哪怕僅僅是出於體形的考慮，也是值得的。況且，這還會帶來額外的好處：胸部組織的負重明顯減輕，伸直的上身胸部的一部分重量落在了肋骨上。

如果想以彎腰的姿勢去掩蓋過大或過小的胸部，那就大錯特錯了。

二、夢中被搶劫，留心子宮出毛病。

女性的子宮是孕育生命的搖籃，我們每個人都曾是

母親子宮裡的一粒種子，慢慢長大，最後伴隨著一聲啼哭，降臨到人間……子宮如此重要，卻非常脆弱。它可以容得下幾個嬰兒，卻容不得小小的細菌，始終面臨著各種疾病的殘酷威脅，子宮癌正是其殺手之一。

子宮癌心重手狠，非常適合「潛伏」。它的前期幾乎沒有任何徵兆，有點類似亞健康，腰酸背痛，白帶不正常，一般人都不會特別關注，一旦發現之後，就已經是無力回天。幸運得是病魔並非毫無破綻，子宮可以透過夢境的形式透露出「自己」被癌症病魔纏身的信號，癌細胞會和正常細胞搶奪營養，所以夢中常會出現有人搶劫，丟失東西之類的夢，這其實是一種健康提醒。

當你出現了以下這些症狀的時候，記得一定要去醫院給子宮做個全面系統的檢查：

子宮疾病的信號如下：

第一、伴有下腹或腰背痛的月經量多、出血時間延長或不規則出血，這些症狀提示子宮肌瘤的發生（良性子宮肌瘤）。

第二、大、小便困難，當大笑、咳嗽、腰背痛時出現尿外溢，這可能提示子宮脫垂。

第三、月經週期間出血或者絕經後出血，這些症狀有時提示有子宮癌。

第四、慢性、不正常的絕經前出血，被稱為功能失調子宮出血。

第五、下腹急性或慢性疼痛，可能有子宮肌瘤或者其他嚴重的盆腔疾病，例如急性盆腔炎或子宮內膜異位症，應立即去看醫生。

第六、月經量過多，導致貧血，這也可能是子宮肌瘤、功能失調性子宮出血、子宮癌或者其他子宮疾病的症狀。

因此，子宮的日常保健工作同樣不容忽視，女性朋友們該如何呵護子宮呢？

第一、切忌早婚早育。

女性過早婚育，由於子宮發育尚未完全成熟，不但難以擔負起孕育胎兒的重任，不利於優生，而且易使子宮不堪重負，進而罹患多種疾病。比如少女比成年女性更易難產，子宮破裂的幾率顯著增大，產後也更易出現子宮脫垂。

第二、注意性生活的衛生。

What a dream really means? You'll never know.
夢與現實相反嗎？你有所不知的 夢境大解析

不潔的性交，最容易引起子宮內膜炎、宮頸糜爛。女性性生活放縱或未婚先孕、早孕，將會對自己的身心健康造成損害，常是宮內感染、宮頸糜爛以及子宮癌發病的直接原因。

不潔的性生活，還包括男性龜頭包皮垢對宮頸的刺激，也是導致子宮疾病的因素之一。

此外，在妊娠初期的三個月和臨產的兩個月，最好禁止性生活，否則易引起流產或早產，對子宮將造成很大的損害。

第三、選擇健康科學的分娩方式。

子宮的受損與分娩不當有著密切的關係，因此，必須做到「三不」，即一不要私自墮胎或找江湖醫生進行手術，這樣做的嚴重後果是，子宮破損或繼發感染甚多；二不要濫用催產素藥，在一些偏遠農村，當孕婦分娩發生困難時，濫用催產素的情況時有發生，這相當危險，可導致子宮破裂等；三不要用舊法接生，少數農村仍沿用舊法接生，這對產婦和胎兒是一種嚴重的威脅。

第四、絕經期的子宮保健。

女性進入絕經期後，子宮已經退役，但此時的保健工作依然不可鬆懈。

一般來說，老年期遭受癌症之害的可能性會大大增加，表現在老年女性身上就是宮頸癌發病危險係數增大。故老年女性身上就是宮頸癌發病危險係數增大。故老年女性仍需注意觀察來自生殖系統的癌症信號，如「老來紅」、性交出血等。

同時，更年期婦女要注意合理進餐，堅持適度的體育鍛鍊，戒菸忌酒，防止肥胖。肥胖與吸菸也會增加子宮頸癌的發病危險。

五、夢中還在工作，容易引起閉經。

閉經是指從未有過月經或月經週期已建立後有停止的現象。凡女子超過十八歲，月經仍未來潮，亦或形成月經週期但連續中斷三個月以上者，均屬於「閉經」。

過度緊張、疲勞壓力過大時候，夢境中就會反映白天沒有做完或者苦苦思考的事情，這樣的夢持續出現，就

What a dream really means? You'll never know.

夢與現實相反嗎？你有所不知的 夢境大解析

要及時保養身體，繼續勞累下去，肯定會出現閉經的現象。那麼，應該如何預防類似於閉經或月經不調這種情況出現呢？

外感寒涼是導致女性月經不調的一個重要原因。現代社會，隨著冷氣的廣泛使用，室內室外溫差增大，很容易使人體調節出現問題。

很多女性往往不能很好地注意身體的保暖，導致寒邪阻滯子宮而出現痛經、閉經等問題。

因此，女性在經期要注意防寒避濕，避免淋雨、涉水、游泳、喝冷飲等，尤其要防止下半身受涼，注意保暖。夏天在冷氣房最好穿一件小外套；天冷時也應及時加衣，防止受涼。

壓力過重是導致女性月經不調的另一個重要原因。對現代女性來說，過度緊張的工作節奏、超常的精神壓力，使喝咖啡提神、熬夜加班成為家常便飯，如此日積月累，導致女性陰血暗耗。

中醫講「子午覺」非常重要，因為子午時，也就是晚上十一點到凌晨一點的時候是陰陽交替的過程，如果這個時候不能很好的睡眠休息，身體始終處於興奮狀態，就

很容易導致陰陽失衡，日久則易出現身體多方面的失調，而女性往往表現為月經方面的異常。

六、夢見衰老，切不可掉以輕心。

有人說女人擁有兩座「花園」：「前花園」是臉，「後花園」是卵巢。卵巢是女人的生命之源，它強大的功能會在女性青春期後逐漸顯現出來，決定著女人的豐乳、纖腰、肥臀……卵巢關係著女性身體全方位的健康，當激素濃度和排卵情況出現異常時，卵巢就會生病。

如果女人經常夢見自己容顏衰老，那就要當心是不是卵巢病變的暗示，水能載舟亦能覆舟，卵巢可以保持女性的容顏，也可以隱晦地提出自己的不「舒服」，所以夢見容易衰老，要及時檢查卵巢。

卵巢如此重要，可是一旦內分泌失調，卵巢裡就會長出腫塊來，如果為良性，那就是比較常見的卵巢囊腫。

卵巢囊腫就是指卵巢內部或表面生成腫塊。腫塊內的物質通常是液體，有時也可能是固體，或是液體與固體的混合。卵巢囊腫的體積通常比較小，類似豌豆或腰果那麼大，也有的囊腫長得像壘球一樣，甚至更大。

卵巢囊腫是一種常見的疾病，大部分囊腫是由於卵巢的正常功能發生改變而引起，是良性的。但是，如果囊腫性質發生惡變，就會演變成卵巢癌。

醫學資料顯示，卵巢癌是所有婦科腫瘤中死亡率最高的。導致其死亡率高的是人們對卵巢保養知識的缺乏。

卵巢囊腫對於身體的危害以及對該疾病的治療，都取決於它的性質。對於三十歲以上的女性來說，即使沒有任何不適，每年也應進行一次包括婦科檢查在內的體檢。如果發現卵巢囊腫，應進一步檢查，明確是功能性囊腫，還是腫瘤性囊腫，以採取不同的治療方法。

一般來說，若囊腫直徑小於五釐米，有無證據提示腫瘤，多為功能性囊腫，可以兩至三個月檢查一次，以後再根據情況調整檢查間隔時間；若四至六週後縮小或未增大，則功能性囊腫的可能性較大。如果囊腫繼續增大，特別是大於五釐米的，或者突然下腹部陣發性絞痛，就可能是腫瘤性囊腫或發生了囊腫扭轉或破裂，應該做進一步的檢查確定是良性還是惡性，必要時應進行手術切除，千萬不能掉以輕心。

卵巢雖然給女人帶來一些煩惱，但如果好好保養，

它還能給女人帶來年輕和漂亮，因為卵巢有分泌雌激素的功能，能促進女性生殖器官、第二特徵的發育和保持，可以說女性能煥發青春活力，卵巢功不可沒。如果卵巢功能衰退，女人很快就會淪為「黃臉婆」。所以，要想保持年輕和美麗，女人一定要好好保養卵巢。

西醫治療卵巢囊腫基本上就是一「切」了之，這種頭痛醫頭腳痛醫腳的方法讓人實在不敢苟同。中醫在治療卵巢囊腫方面，更注重藥食同源的補養方式，因此服用一定的藥物或食品對於卵巢保養確實是有用的。比如補養肝腎、滋補精血的中藥，像何首烏、熟地、山藥、黃精等都可能對卵巢起到調理作用。

七、孕婦夢裡吞太陽，血壓可能有問題。

古代帝王將相出生的時候，一些史官總是喜歡添油加醋地寫一些不著邊際的話，比如其母夢見「太陽、龍、大蛇」入腹中等等。所以，孕婦一般夢中這些景象的時候，也都會喜上眉梢，覺得生得孩子將來一定大富大貴。

其實，這並非是什麼「吉夢」，而極有可能是妊娠高血壓的前兆。

　　子宮胎盤缺血、多胎妊娠、羊水過多、初產婦、子宮膨大過度、腹壁緊張等，都會使宮腔壓力過大，子宮胎盤血流量減少或減慢，引起缺血缺氧、血管痙攣而致血壓升高。所以，孕婦夢中才會出現類似於「一口將太陽吞下」這樣的夢。

　　妊娠高血壓症是非常可怕的，妊娠時胎盤也是一個重要的器官，它不但危及產婦的生命，還可能由於缺血缺氧使胎盤的功能降低，不能充分將氧氣和營養物質及時由母體輸送向胎兒，影響胎兒在子宮內生長發育。因此，妊娠高血壓症的孕婦所懷的胎兒，宮內發育遲緩的發生率較高，出生體重低於正常的標準，嚴重者可致胎兒死亡。

　　由於孕婦的病情加重，常常需要早結束分娩而造成早產；早產兒的生存能力低，容易出現窒息、肺炎、肺透明膜等呼吸系統疾病，使新生兒死亡率增高。

八、夢中出現破傢俱，痛經可能找上你。

　　痛經是指行經前後或月經中出現下腹痙攣性疼痛、腹脹，伴腰酸或其他不適，嚴重者常對學習和工作造成影響。與閉經一樣，臨床上分為原發性與繼發性兩種。原發

性痛經是指痛經不伴明顯的盆腔器質性疾病，即功能性痛經。臨床表現為，痛經多見於未婚未孕的年輕女性，初潮後數月（六至十二天內）開始。常在月經期的前四十八至七十二小時，疼痛常呈痙攣性。有時很嚴重，需要臥床休息數小時或數天。疼痛集中在下腹正中，有時也伴腰痛或放射至股內側。

繼發性痛經時指因盆腔器質性疾病，諸如子宮內膜異位症、子宮腺肌症、盆腔感染、子宮內膜息肉、黏膜下肌瘤、宮腔粘連、宮頸狹窄、子宮畸形、盆腔充血綜合症，宮內節育器、處女膜閉鎖、陰道橫隔等導致痛經，即生殖器官有明顯損害者。

痛經的女人一般會夢見一些不完整的、破損的東西，而這些東西剛好是認為的損害。比如，會夢見破碎的傢俱和打爛的碗等可怕的情形。這是由於節育措施不當或者說沒有性知識和體驗，初次性交或多次流產手術都會導致痛經。女人夢中之所以看見的是破損的器具，這與她意識中自己的性器官已破損有關聯。

少女第一次性交後，由於性知識不足，加之處女膜破裂帶來的恐懼，錯誤地產生自己的「那個」被損傷了等

念頭。這些錯誤的念頭堆積在腦中，一旦時機成熟就會形成那樣的夢境。對這些患者應該認真進行治療檢查器官有無病變，再輔以中醫的針灸、理療和按摩，會收到很好的效果。

九、夢裡很受傷，注意子宮肌瘤。

柯雲路先生在他的醫學著作《新疾病學》中講述了一個他透過夢境來為患者診斷疾病的故事。

一九九四年秋，柯雲路在深圳一個與眾人會面的公開場合見到一位從事文化工作的女記者。這位女記者很輕鬆地對柯雲路說起自己的夢，在夢中不是跌傷就是讓刀刺破手，然後又許多人圍上來幫助她，很是激動。

柯雲路對她說：「妳有婦科病。」當時柯雲路是僅僅憑夢的象徵意義和直覺說的。

這位女記者曾經去看過醫生，因此她對這番話很驚訝，她問道：「你是怎麼知道的呢？」然後對柯雲路說，她確實有婦科病，是子宮肌瘤。柯雲路又仔細地想了她的夢境，指出她子宮肌瘤的具體情況，這一切剛好與她在醫院所做檢查和診斷一樣，因此女記者更加吃驚，她問柯雲

路如何從夢象和其他方面診斷出她的病的。柯雲路說，先要弄清病因，問她是如何生病的。她不知道，但她講了自己的家庭情況。她講了夫妻關係，承認與丈夫從一年多前感情破裂，很痛苦。

柯雲路問她是什麼時候做的夢。她稍一回想，就回憶起來：從與丈夫感情破裂開始，就感到自己的身體不太好，而且感覺十分明顯。沒過多久，去醫院檢查，發現了子宮肌瘤，當時她跟醫生同樣講了夢的情況。而在此之前，體檢一切正常，夢也很少。問到怎麼治療時，醫生告訴她，如果不首先放下自己的心病，那麼，動了手術切掉以後還會再長。即使請氣功師治好後，也可能再長。（二十世紀九十年代初，曾一度流行氣功治病。）

柯雲路告訴她，子宮肌瘤是她自己潛意識、無意識製造出來的。因為有了子宮肌瘤，於是，就不能再進行性生活，不能再生育，於是，就用疾病的假象掩蓋了夫妻關係破裂的真相。這個掩蓋是她對自己的掩蓋：她是因為有病而不能繼續過夫妻生活，並不是由於家庭關係破裂、丈夫不再愛她的緣故。這樣，她受到的自尊心就得到了安慰，正如她在夢中所盼望的一樣，她渴望有人再愛她、關

心她。在夢裡她弄傷自己，經常是故意的，想透過這種極端「自殘」的辦法再次喚起親人的注意。

　　許多外國影片都有這樣的情節，一個少女因為父親結交了更多的女人，而不能容忍。她會殺死其他的女人，並天真地認為那些女人一旦不存在，父親就會再次回到自己的身邊來。所以，這個患者的子宮肌瘤病是自己「賞賜」給自己的，柯雲路先生有句話說得好：「你想病，你就生病。」萬病由心生嘛！

　　此外，這位女記者用這種消極的方式給自己帶來婦科病，還隱晦地表達了自己在夫妻關係破裂後的痛苦，這個痛苦的內心，除自己之外，誰能看到？是丈夫，還有更多的親屬、朋友。她在潛意識中希望以此痛苦的假象來感動丈夫和朋友，來獲取他們的憐憫和同情，使他們再關心自己和愛自己，求得更多的理解。因此，可以說病也是別人給的。

　　柯雲路對她說，如果自己能夠放下心病，能夠正確對待生活，開朗一點，決心不要疾病，那麼就可以好。但若繼續下去，用病來折磨自己，一旦陷進去不能自拔，無論用何種手段治療，都還會再生病。疾病不能幫助她，也

不能補救她和丈夫的夫妻關係，只會一團糟。

　　數月後，柯雲路在北京再次見到這位女記者時，她紅光滿面，彷彿換了一個人似的。

　　這個病例非常典型。首先它說明了潛意識如何製造夢境，製造神經症一樣製造了一個器質性疾病；其次，正確的疾病分析和夢的詮釋能夠更好地治療疾病，如同治療神經症一樣。在考察研究中發現，大量的婦科病都與丈夫（戀人）感情生活有關。和婦科有關的人體器官、生理功能狀況，都是與夫妻生活相關的。因此，所有夫妻生活的病況都轉化為婦科器官的生理病變。如同上述這位女記者一般，是潛意識在敘述一個或不滿、或痛苦、或氣憤、或壓抑的故事。

夢境與男性生理健康的關係

和女性一樣，男性的夢境中也一樣暗示著健康的隱患。

一、夢見天寒地凍，前列腺要小心。

前列腺是男人獨有的器官，雖然只有栗子大小，卻功不可沒，前列腺的重要功能就是分泌前列腺液。前列腺液是男性精液的重要成分，約占精液的三分之一，它在男性的生育中起著重要的作用。它還有控制排尿的功能，其環狀的平滑肌纖維圍繞前列腺尿道，參與構成尿道內括約肌，控制排尿動作。而且在男人最「性福」的時候，射精時前列腺和精囊腺的肌肉收縮，可將輸精管和精囊腺中內容物經射管壓入後尿道，進而排出體外。前列腺功勞很大，但卻「嬌氣」得很，動不動就給人添點麻煩，前列腺炎一發作，男人的「雄風」不再，很容易出現早洩、陽痿、射精疼痛、射精障礙等閨房「尷尬」，一個不小心，還會連累輸精管「堵塞」，有「無後」的危險。

177

我們都知道，前列腺自身是十分懼怕寒冷的，一旦你的夢中出現冰天雪地的情形，那就要當心是不是前列腺這個「小東西」在善意地透過夢境提醒你。因為它感覺不舒服，自己又不會說話，所以採用「托夢」的方式在給你信號。這個時候你就要當心了，必要時候做個檢查，以防不測。

　　遺憾的是，有些人覺得前列腺炎不是什麼大毛病，更有甚至羞於說出口，生怕別人笑話自己是「性無能」，完全擺出一副諱疾忌醫的姿態，直到實在疼痛難忍的時候，才知道這個「小病」一樣也能要人命，恐怕那個時候就是扁鵲、華佗也救不了了。那麼，男人如何保養好自己的前列腺呢？下面有幾個實用的保健小方法，以供參考：

　　第一、洗溫水澡：洗溫水澡可以緩解肌肉與前列腺的緊張。

　　第二、遠離咖啡因、辛辣食物與酒精。

　　第三、多排尿：無論男女，這都是不變的道理，同時也是腎臟保健的好方法。

　　第四、多喝水：濃度高的尿液會對前列腺產生較多的刺激，多喝水可以稀釋尿液的濃度，減少對前列腺的刺

激。

　　第五、多放鬆：生活壓力可能會增加前列腺腫大的機會，臨床顯示，生活壓力減輕，通常前列腺症狀也會減輕。

　　第六、規律的性生活：臨床顯示，每週三次或更多的規律性生活可以緩解前列腺疾患，而讓前列腺排空的最佳方法莫過於規律的性生活。許多中年夫妻通常會慢慢失去性生活，這對於前列腺保健十分不利。

二、夢中身體分離，不是好兆頭。

　　李思博先生在他的醫學著作《由夢說健康》中提到了一位古典文學的教授，常夢見自己的四肢都分開了，這位教授醒來後不知所謂。李老師敏銳地覺察到，這位教授其實是有「難言之隱」。後經這位國學教授證實，他確實患有陰囊濕疹這種病，試過好多種藥，都毫無效果，十分痛苦。為什麼這麼推斷呢？這位教授夢見四肢分離，是身體外獨立的器官的一種微妙的提醒，所以出現了這類夢境，因此要及早檢查自己生殖泌尿器官。

　　男性陰囊的皮膚很鬆、很薄，無比嬌嫩，而且由於

局部不通風、濕度大，在炎熱的夏季，再加上汗水浸漬潮濕，極易產生多種皮膚疾病。

第一、濕疹。

這是常見的陰囊皮膚病，主要是由汗水、不潔刺激引起的。表現為皮膚紅腫、起水皰、滲液、結痂，甚至增厚粗糙，奇癢難忍。治療方法為內服抗組胺類藥物，病變區皮膚清洗乾淨後塗軟膏等，每日一～二次。

第二、皮炎。

起因可能與飲食中缺乏B族維生素有關，其症狀為皮膚潮紅、滲液、脫皮，甚至起水泡，又痛又癢。預防的主要措施是，多吃新鮮瓜果蔬菜和雜糧，補充維生素B2等營養素。發病後應保持病變區皮膚清潔，可塗氧化鋅軟膏等。

第三、癬。

陰囊部位的癬常與患者其他部位的皮膚癬症相關，陰囊發病部位的皮膚潮紅，起丘疹或水泡，繼而脫皮屑，病變部位常呈環狀損害，癢得厲害。防治方法是，患部外塗治癬藥膏（刺激性強的癬，不宜使用藥水），同時治療身體其他部位的癬症如手癬、腳癬、股癬等，以防再度感

染。

三、夢中追打女人，小心陽痿。

陽痿中醫也稱為「陽事不舉」。發生陽痿的因素比較複雜，大致分為精神因素和器質性因素，年齡和藥物也是可以引起陽痿的因素。

精神因素主要包括：缺乏性知識，性交時產生心理負擔，或者情緒過於激動會抑制大腦勃起中樞神經。器質因素主要是：糖尿病患者，其神經、血管、內分泌均發生變化，進而影響到陰莖勃起功能。外傷，特別是脊柱及盆骨損傷可能會傷及神經而造成陽痿。陽痿患者大多在夢中會出現追打或者辱罵女人的情形，他們在夢中憎恨女人，其實就是潛意識中因為不能與女人正常性交，達不到發洩自己性慾的目的而憎恨性對象。他們卻沒有想過，不能進行性交，是不是因為自己陽痿所造成的。這實際上是指男人不能完成性交這一動作，他的陰莖出了問題（假如陰莖正常，夢中則不是打罵女人而是和她們做愛）。這是無可非議的事，但在夢境裡他排斥這一事實，企圖用形象化的東西代替實質化的東西。

那麼如何調養呢？手淫是造成陽痿的重要原因。夫妻生活要有節制，讓中樞神經和性器官得到充分休息。女方要避免不滿情緒流露，對對方要關懷體貼，避免給對方造成精神壓力。多吃牡蠣、牛肉、羊肉、蛋、核桃等壯陽食物。多運動，提高身體素質，生活作息有規律，不要過度疲勞，緊張持久的腦力勞動也會導致陽痿。不要濫用壯陽藥物。

四、夢見澆花，可能是早洩的前兆。

早洩主要表現為性交時陰莖尚未插入陰道，雙方未接觸或剛接觸，動念即洩；或陰莖剛插入陰道即行射精，抽動不足十五次，時間不足一分鐘即洩。常伴有頭暈耳鳴，腰膝酸軟，五心煩熱，心悸失眠，膽怯多疑等症。

席永君先生的《夢診》一書中提到，男人夢中澆花，容易出現早洩的問題。為什麼這樣說呢？這種夢實際上是把身體的病變透過潛意識反映到夢中，步中的澆花動作就是自己意識中的射精動作，水從桶裡流出是自己期望的正常射精，而不是高潮未到時早洩；而花則象徵接受精液的部位，即女性的生殖器，花兒沖萎在地上表示女性並

What a dream really means? You'll never know.

夢與現實相反嗎？你有所不知的 夢境大解析

沒有接受射精的行為。從夢境來分析，男性的這一動作不
協調，不合常理。實際上在生活中也少見男性澆花，而男
性在夢中做了這件事，只不過說明男性渴望能順利地完成
這一動作罷了。

　　出現這種病，首先自己應意識到這是能改觀的。使
生活規律化是首要前提，對於緊張工作，要進行適當調
節，不能使自己常常處於疲勞和壓抑之下，做到動中有
靜，井然有序。女方不能有蔑視或瞧不起的態度，不能輕
視和嘲笑，要互相適應體貼，延長性生活的前戲活動，方
可提前治癒。而採用心理療法，在刺激射精時不要過於強
烈，當感到馬上要射精時，可由男方說出來，即停止刺
激，使這個過程從極低上升，逐步達到長時間的刺激也不
易射精，力爭雙方共同達到高潮。

　　有一點是在性交過程中要掌握的，當性感集中在生
殖器觸摸階段時，可用一種特殊的方法來推遲射精，醫學
上稱為「捏擠法」。即女方把拇指放在男方的陰莖下端，
食指與中指放在陰莖的另一方面正對冠狀緣上方，穩捏壓
迫五秒鐘，然後突然放鬆，施加壓力，從前向後地抒過
去。

這種方法可以緩解射精的緊迫感，重新確定射精的適當時間。當運用得當後，可改為在陰莖的根部捏壓，經過數次訓練後，早洩即可癒合。有很多家庭破裂、夫妻感情不和都是因為男方出現了早洩，得不到合理的治療而使矛盾激化，最後釀成不安定的因素。

五、男人夢裡抱小孩，跟不育有關。

　　不育症是社會一大問題，受到「不孝有三，無後為大」等傳統觀念的影響，很多人覺得生不出孩子，愧對列祖列宗，生活中一片灰色，黯淡到了極點，婚姻也因此蒙上了一層厚厚的陰影。

　　不育症一般都是因男女雙方自身疾病引起，其中因心理障礙造成的不育症佔有很大的比例。不育夫婦應經全面檢查，看雙方是否有生理性的因素，有幾種情況，如女方先天性閉宮，先天性沒有月經，或其他生殖器疾病會造成不育；男方同樣可能沒有性能力，病理性精液稀薄而精蟲存活率不高等都會導致不育。另外還有一種心理因素的不育症心理因素包括性的精神緊張及情緒的不愉快，約占百分之五十。這種病對晚婚者有很大的影響，一般晚結婚

就是因為怕小孩影響生活、工作，一旦結婚就需要小孩來調節生活氛圍，開始是有節育的計畫，等時間過長、年齡偏大，對生育有懼怕心理，也可能造成情緒緊張而致不育症的發生，少數人出現器質性損傷。

為什麼說夢見抱小孩與不育症有關呢？這其實是男性在潛意識透過夢來表達的一種方式，因為現實生活中沒有小孩或者無法生育小孩，所以夢裡就會十分迫切地要與小孩接觸。這種願望極其強烈，故出現這種夢。

當然，不育症首先要檢查是否器質性的損傷，如果是這種情況需要盡快治療。但是，不育症和心理因素關係更大，失敗次數越多，心理壓力就越大，顧慮就越多。如何消除緊張因素呢？首先要認識到這種不育是暫時的，不要太過於擔心，其次就是找心理醫生，給夫妻雙方做必要的心理輔導，減輕其精神上的壓力，再次夫妻雙方要互相鼓勵，不要互相抱怨，這樣大多數都可以成功懷孕。

六、黃沙漫天夢中見，可能尿頻要來臨。

第二次世界大戰期間，盟軍在諾曼地登陸後，許多士兵出現了尿頻尿急症，這讓總司令艾森豪十分頭疼。後

來一位精神分析專家透過對患有尿頻尿急的三百多個士兵的夢分析發現，他們之中很多人做的夢是一樣的：有人在夢中把顆粒狀的東西漫天飛撒，又像豆子，又像黃沙，掉下來的時候又快又急，但都不掉在人身上，而在四周堆積。

這就不難理解為什麼士兵們都得尿頻尿急症，因為豆子或黃沙對應人體的，就是人在撒尿時出現的情況。為什麼不落在人身上，而是在四周堆積，是因為尿始終沒有高過人體，始終在人體下方，但這種物質都有著由高而低的運動過程，所以是屬於夢象反映的身體疾病，即尿頻尿急。這一分析得到了佛洛伊德的肯定。

尿頻常常伴有尿急現象，在醫學上亦稱為尿頻尿急症。除由心理因素引起以外，也能由器官損傷引起，並有發熱、腰痛、尿道疼痛等尿路症狀的病症。由心理因素引起的尿頻尿急多見於兒童和成年女性，而器官損傷則以男性較為多見。

由於尿頻尿急在身體表面現象中的不適應症狀較少，故而容易被大家認為不是一種病。事實上，尿頻尿急在焦慮過度時會發生，同時還會發生急迫性尿失禁（有人

由於過度興奮會造成）。而抑鬱、噁心、便祕等則會有尿滯留反應，如果是由於心理因素所致，多見於白天發病。器質性損傷則有膀胱或尿道受外在因素所致產生病變，如發炎、結石等。而精神刺激可以引起膀胱內壓上升及膀胱收縮，在日常生活中可能因精神緊張而出現短期內尿頻尿急。

　　尿頻尿急並不難治，消除患者精神刺激因素，必要時做理化檢查、膀胱鏡檢查。如果沒有器質性損傷，就要考慮心理因素致病的可能，在適當的時候，委婉地讓患者吐露緊張的來源，加以開導和點撥。假如有強迫思維的人，總有尿頻出現，假如不正當的錯誤認識被保留，精神繼續處於不良狀態，這時就必須輔以藥物。患者常常有意識或無意識地使括約肌收縮，反射性的逼尿肌沒有張力。這類病人要多參加活動，透過音樂、運動或投入某一技能的學習之中，迫使自己身心放鬆，尿頻尿急的現象就會逐漸消失。

孩子做夢影響他的健康嗎

孩子會做夢這一點毫無疑問，很小的孩子都會在睡夢中微笑，不過做為家長的你是否知道你的孩子都做了些什麼夢呢？這些夢對孩子的身體和心理有什麼暗示嗎？透過與孩子交流夢境來瞭解孩子的健康，是每一位家長都應該瞭解的。

一、夢中討人嫌，孩子可能得了厭食症。

很多小孩子在平時都屬於「乖乖牌」，無論在學校還是在家裡，都很受歡迎。可是一到夢中自己就變成了一個「討厭鬼」。父母不喜歡他們，老師也不要他們，同伴見到自己也都躲得遠遠的，最終孩子被老虎或者獅子一樣的猛獸嚇得哇哇大哭，而後從夢中醒來。

如果你的孩子向你或者其他親人說他夢見自己被遺棄、唾罵，你千萬要小心，這可能是孩子因厭食而向父母提出的危險信號，做家長的千萬不能掉以輕心。夢中的孩

子們自己只不過是食物的轉化現象，他們不受歡迎，只不過是孩子們內心深處的一種厭食情緒表達成的另一種語言。

孩子厭食是一種很常見的典型身體疾病。發病原因有兩點：一是兒童受外界影響。例如母親的減肥，或父親因體肥而引起的煩惱，都可使孩子對肥胖過於恐懼而厭食。也有孩子認為身材苗條才漂亮，才讓大人喜歡，因而故意少吃飯，造成體重明顯減輕，以致營養不良。二是大多數神經性厭食的患兒，由於受外界不良因素的影響，如學習困難，受老師責罵、同學歧視，家庭不和睦等外因刺激，也會導致情緒低落，進而厭食；或過分要求他們進食，強迫進食都可能造成反應性厭食。

那麼，小兒厭食應該怎麼辦呢？首先，應到醫院請醫生檢查，排除器質性病變。如果不是由疾病引起的厭食，可用下列方法進行糾正。

(一)科學餵養：從嬰兒添加副食品起，就要做到科學、合理的餵養，使孩子養成良好的飲食習慣。家長不要把所有的營養食品都給孩子吃，更不能孩子要吃什麼就給什麼，使飲食沒有節制。應該科學餵養，使食物品種多樣

化，粗細糧搭配，葷素搭配，色、香、味、形俱全。

(二)不讓孩子吃零食：孩子飲食應定時、定量，不吃零食，少吃甜食以及肥膩、油煎食品。

(三)讓孩子輕鬆愉快地進食：孩子有了缺點，不要在吃飯時管教，以免使孩子情緒緊張，影響消化系統的功能。孩子進食時，應該有愉快、安靜的環境。

(四)不要過分遷就孩子：不要在孩子面前談論他的飯量，以及愛吃什麼不愛吃什麼。該吃飯時，把飯菜端上桌，耐心餵，如果孩子不吃不要許願，如吃一口給講一個故事，或滿地追著孩子餵飯；也不要打罵，應該把飯菜端走。下頓如還不吃，再照樣辦，使他餓上一兩頓，因為適當的饑餓能改善孩子的食欲。

(五)適當服用保健食品或藥物：輕度厭食的患兒可服保健食品，大些的孩子可吃山楂糕或單味雞內金，較嚴重的患兒可服中藥調脾合劑、健脾丸等。

二、夢裡的「四不像」與夜驚症。

少兒在入睡不久之後突然驚醒，這就是人們常說的「夜驚症」。當小傢伙醒來之後，表現為煩躁不安，雙目

直視，面帶恐怖表情。這個時候一般搖晃他或呼叫他都沒有什麼反應，孩子的意識仍舊處在昏睡狀態和朦朧狀態，這時會有呼吸急促、冒冷汗、瞳孔放大等症狀。大約一會兒，他就會入睡，但突然又驚醒，在白天清醒時卻一切都不記得。少數患兒還有夜遊症或一些機械性動作。

　　席永君先生在他的《夢診》書中提到這樣一個故事：一個小學生夢見一個怪獸出現在自己家門口，像貓又不是貓，長著兩個腦袋，腿很長會飛卻沒有翅膀。有時候牠的兩個頭互相廝打，並且趴在在這個小學生家門口不准全家人從屋子裡出來。這個小學生上學都不敢一個人去，因為那個「四不像」會追著他跑，他一個人非常害怕。

　　席永君先生分析認為，這個小學生之所以會做這種夢，就是因為夜驚症的毛病已經形成。在初期症狀不明顯，只是將不適應反映到夢中去了。這個「四不像」暗示著是某個親人離開了，或者已經到了一個陌生的地方，不適應新環境。夢中的事物象徵著這個小學生夜驚症的先兆。

　　我們都知道，造成小兒夜驚的患兒多因為家庭不和睦，出現激烈的爭吵，父母打架和摔東西，或者假日裡去

陌生親戚家玩，或看到自己的家庭成員病重身亡，或者見到流血、車禍讓其驚恐不安，焦慮情緒不能放鬆，或由於現在的恐怖電影、漫畫，聽大人談論鬼怪都會引起這種病的發生。

由於這種病原因複雜，主要需瞭解確定他們這種心理狀態的來源，停止其不良心理狀態的延續並加以疏導，培養兒童勇敢和獨自生活的習慣。尤其對兒童不宜的東西，包括書籍、影像資料等，盡量減少不良刺激。

但這種夜驚的病，少數可能是先天性遺傳因素造成的，或孕期和生育後營養不良，這種病必須進行特殊治療。

較嚴重的患兒，常需要使用鎮靜藥物給予治療，加深睡眠，減少夜驚的發作次數。

三、小兒遺尿，常夢見牛奶和房子。

小兒尿床，如果發生在五歲之前，那是再正常不過的事。但是五歲以上的孩子，如果在白天發生不由自主的排尿，或夜間不能從睡眠中醒來自覺排尿，又沒有泌尿系統或器官的疾病，這就要考慮是不是得了遺尿症。

What a dream really means? You'll never know.

夢與現實相反嗎？你有所不知的夢境大解析

據調查顯示，五至十二歲的兒童在患遺尿症之前，都會做一些相似的夢。而這類人群中，男孩子常夢見的乳白色的山、花草、樹木，這些東西都有著一股牛奶味。而女孩子則夢見一幢漂亮的房子，是橡膠做的，她進去之後這幢房子慢慢地坍塌下來了，像棉花一樣柔軟，慢慢幻化成肥皂泡一般的東西。

液體的東西在兒童的夢中經常以柔軟事物的形態出現，男孩子們則直接轉化為白色牛奶，因為這常常引發他們的渴欲，而毫無節制地去喝。在生活中他們不能控制自己的小便，也是隨心所欲地讓其流，而四周的白顏色只是表示少年的沒有禁忌和羞恥，男孩子們大多如此。最終不能喝到牛奶，只是表示他們的泌尿系統出了毛病。女孩子們則不同，她們羞恥感比較強烈，不好意思承認自己有遺尿的毛病。實際上已經發生了病理反應，故她們的夢中則表現為泡沫狀軟軟的東西。房子的含義不很明顯，用佛洛伊德的分析理論，則解釋為女性的陰部或生殖器。

引發這種難堪的疾病的心理因素有很多種。首先，直接見於膽小、被動、過於敏感或易於興奮的小孩，有的小孩在經常遭受父母訓斥或學習跟不上時，出現緊張心

態，這是造成遺尿的常見因素。遺尿兒童因遺尿不光彩，害怕別人知道，常減少與他人的接觸，進而造成逐漸內向的性格；其次，遺傳因素在遺尿症的臨床比例中佔有較大多數，據有關專家統計，男孩約占百分之七十四，女孩約占百分之五十五。

兒童缺乏正確的排尿訓練也會造成遺尿，如父母強制兒童迅速學會夜間控制小便的能力，或因為小孩偶爾的尿床而痛加責罵和責打，也會導致小孩產生憤怒反應而不知不覺地抗拒父母——以經常性尿床表現出來；最後的原因有家庭的變動、環境變化，失去父母照顧造成的焦慮，黑夜恐懼、受驚嚇，或有暴力傾向以及因家庭的衝突或破裂和精神緊張狀態等，也是造成小孩子遺尿的主要心理因素。

這種病患兒可能由於怕受責罵或基於羞恥不敢向父母說，導致病情日漸加重，所以應提醒家長重視。一般治療時應注意晚間少飲水，特別應注意避免飲茶。睡覺以前及時排尿，夜間在易遺尿的時段喚醒小兒，讓他們尿尿，以訓練其自主地、有時間規律地排尿。在生活學習中消除緊張和疲勞過度的因素，建立合理的生活習慣，嚴禁對遺

尿孩子進行羞辱和打罵，要熱心幫助孩子養成良好的衛生習慣，樹立克服遺尿信心。對有所好轉的患兒，在繼續治療期間，要多多給予關懷和幫助，在生活環境突然變動時，要更加小心，以免又產生腦皮質功能失調，而再次遺尿。

四、夢見蜂窩，警惕小兒胃潰瘍。

小兒患胃潰瘍不太常見，即便是有也是急性胃潰瘍，經過治療便可以痊癒。但遺憾地是，這種病沒有什麼明顯的症狀，一般不易被察覺。小兒一旦患上這種病，就表現為飯後上腹疼痛，持續時間較長，伴有反胃、噁心、嘔吐等症狀，是兒科病裡的常見病。

孩子夢見蜂窩就會得胃潰瘍嗎？席永君先生在《夢診》一書中給我們提供了這樣一個例子：墨西哥一個叫瑪納的十二歲少女，在胃潰瘍發病前先後三次夢到了蜂窩。第一次瑪納夢見蜂窩，給父母講的時候，並未引起家長的重視；第二次瑪納又夢見了上次的那個蜂窩，不過這次蜂窩高懸在一頂廢棄的帳篷上，周圍有少量的蜂出現，父母還是未認真對待；第三次瑪納夢見的這個蜂窩已經斑駁陸

離，風一吹就從上面掉塵土，一副搖搖欲墜的樣子，父母還是將這個夢忽略不計。直到瑪納的病情很嚴重，最後開刀做手術才讓瑪納從死神那裡逃脫。孩子雖然脫離危險，但是粗心大意的父母卻被精神醫師狠狠地責備了一番。

這個醫師告訴瑪納的父母，蜂窩其實就是象徵孩子的胃。完好的胃不應該有孔狀的東西。瑪納的第一個夢在提示她要對胃引起重視。夢中的蜂窩被置於帳篷頂上就表示這個意思。第二個夢裡，出現少量的蜂，表明屬於這個這個蜂窩的部分在遠離、脫落，即胃上有部分組織開始壞死。第三個夢象徵胃病已很嚴重，組織成塊成塊地不見了。幸運的是，瑪納終於能夠死裡逃生，不能不說是她的運氣太好。

兒童或者青少年應該怎樣預防胃潰瘍呢？

首先，飲食要規律。部分幼兒邊吃邊玩，有些家長或是在飯桌上挑逗小孩或是吃飯時訓斥孩子。有些兒童早上起床晚，為了趕上課，連早餐也顧不上吃。有些兒童為了貪玩或為了趕功課囫圇吞棗地將飯咽下、常常也會三口兩口吃完用湯泡的飯或開水泡饅頭。長此以往就容易引起小兒胃潰瘍病。

其次，要給孩子製造輕鬆愉悅的氛圍，避免孩子過於緊張。兒童潰瘍病與精神因素有關，成人病例中，其病史不少是兒童時期由於環境的劣性刺激或精神創傷開始的。據國外報導，胃潰瘍的成年患者中，約有百分之一點六開始於四歲以前；約百分之二十五開始於兒童期。

現在的許多孩子久居都市，可能壓根兒就沒見過蜂窩之類的東西，他們的知識全是來自於書本或電視。如果你的孩子有嘔吐、反胃的現象，並且告訴你夢中出現了類似於葫蘆的圓形的東西，那你就要格外注意了，可能是孩子的胃出了毛病，要立即去醫院就診。

五、夢中出現鮮花，小心眼睛近視。

現在的孩子們學習負擔都很重，許多小孩剛上一年級就已經戴上了眼鏡，可見近視對孩子們的折磨是多麼嚴重。如果孩子得的是假性近視，那就趕快抓緊時間治療，如果到了一定程度還無法治癒，那嚴重的心理負擔和那副眼鏡恐怕就要伴隨孩子終身了。

其實許多近視的兒童，在近視之前都會做一些和眼睛有關的夢。其中最為常見的，就是孩子夢中看見牽牛

花，並且看到牽牛花上有水濛濛的霧氣，這朵花不久便枯萎了。凡是常做這樣夢的兒童，那就要小心是不是近視正在朝你走來。這類夢很好理解，夢中的鮮花其實就是象徵著你的眼睛，因為二者都是明亮傳神的。而花上面的水霧則暗示人的眼睛構造上，瞳孔出現模糊不清的現象，花朵的枯萎就代表眼睛視力受損。

「眼睛是心靈的窗戶」，如何保護好孩子的眼睛，已經是迫在眉睫的事情。那麼，兒童究竟該如何預防近視呢？家長要教育孩子做到以下幾點：

第一、成良好的衛生習慣，防止眼睛感染。活潑好動是小兒的特點，他們對外界事物總是充滿好奇，因此父母要教育孩子養成良好的衛生習慣，勤洗手，不要用髒手揉眼睛。防止沙塵等物落入眼睛。

第二、教育孩子學會用眼保健。幼兒開始學習寫字、看書，要有良好的環境，並注意培養孩子正確的看書、寫字姿勢。（一）要有充足的光線。光線要從左上方射來，這樣就不會有暗影。（二）要姿勢端正。對桌端坐，上半身要直，頭不要歪，也不要過度前傾，更不要伏在桌子上。眼與書本要保持三十公分左右距離。（三）要

根據兒童的高矮購置桌椅，這樣才能保證正確的書寫姿勢，使眼睛與書本距離達到正確要求。（四）防止眼肌疲勞，學習時間不要太長，看書四十分鐘後要休息十分鐘，看看遠處物體，做做眼保健操。（五）兒童書寫用的紙張應盡可能選用不反光、不透光的潔白紙張。（六）看電視時人與電視機保持在螢光屏對角線三倍以上的距離，每看半個小時電視應讓眼睛休息十五分鐘。此外電子遊戲機容易傷害兒童視力，最好不讓孩子玩電子遊戲機。

第三、注意營養，養成良好的飲食習慣。父母在注意孩子全身營養的同時，還要注意孩子眼睛的營養，五穀雜糧、葷素搭配，多吃青菜，不要偏食。如食物中缺乏維生素容易發生夜盲症和乾眼病，食物中缺乏微量元素鉻和鈣，容易患近視。適當的飲食有助於治療眼病。平時可適當進食豬肝、羊肝，少吃辛辣油膩食品，有助於眼睛的保護。專家提出，進食過多的甜食易患近視眼，因此適當控制甜食的攝入量，有利預防近視。

六、小兒百日咳，夢中有先兆。

百日咳是由百日咳嗜血桿菌引起的小兒急性呼吸道

傳染病，飛沫傳染。臨床以陣發性痙攣性咳嗽，咳後有深長的「雞鳴樣」回聲為特點，常伴嘔吐。嬰兒無回聲，常發生窒息及合併肺炎。六歲以下小兒易受感染。

　　小兒患病，做父母的尤為揪心，有的父母還會透過夢境提前預知一些疾病的徵兆。這類夢情況都差不多，一般都是小兒的父母或者爺爺、奶奶在夢中聽見有小孩子在咳嗽，可怎麼也找不到聲音是誰發出來的，這種劇烈的咳嗽讓人心煩意亂，使做夢的人忍不住摀住耳朵……這是再明顯不過的暗示——家中有小兒得了百日咳。父母和子女的心是息息相通的，一旦孩子身體有恙，做父母的肯定是護犢心切，提前透過夢境感知到不妙。

　　由於百日咳是一種傳染性疾病，病菌多半從呼吸道進入人體，故而沒有很好的預防措施，家長夢中出現了類似的夢境，切記要提防。

What a dream really means? You'll never know.
夢與現實相反嗎？
你有所不知的 夢境大解析

夢境與皮膚的健康有什麼關係

當我們在睡眠的過程中，皮膚在不知不覺中與被褥、床席等物體接觸，皮膚的一些變化也會透過夢境傳達給我們的大腦。

一、夢中和外星人邂逅，醒來當心斑禿。

斑禿，也就是人們常說的「鬼剃頭」，是一種常見的皮膚病。局部頭髮突然脫落，經過一定時期，又自然痊癒。精神因素是致病的主要原因，毛囊無破壞跡象，患者突然發現或偶然發現一個或數個圓形脫髮區，脫髮區皮膚光滑或微凹陷，常有反覆；從脫髮區生長的毛髮最初為淡黃色，後轉為正常顏色。

根據席永君先生《夢診》書中介紹，北魏年間洛陽一位靠賣棺材為生的叫孫岩人，就曾夢見過一個侏儒，大約有二尺左右高，頭特別小，頸細長而且可以轉動一百八十度。這個「怪物」對孫岩時而充滿敵意，時而面

露微笑。所過之處，平地上長出絨毛，淡黃色的，一會兒便消失了。後來，據說這個叫孫岩的人便得了「鬼剃頭」，好長時間才好。

其實這個病並非什麼大病，多數是由於工作疲勞、精神緊張所致。現在人們的學習、工作壓力都很大，出現這種情況比較常見。著名演員高圓圓在參加一期電視訪談節目時，就坦言自己在拍電視劇過程中因為緊張過度，一度出現了所謂的「鬼剃頭」，後來加以調理，那種病徹底痊癒。此病常出現在下列性格特點的人之中：現代醫學認為，「鬼剃頭」是一種皮膚疾病，而不是以前所謂是鬼或神所為，也不是什麼妖人所為。此病常出現在有下列性格特點的人之中：有視力疲勞，不以正確姿勢看書的習慣，學習工作過度緊張，負擔過重而致勞累，頭暈眼花，常失眠等；在情緒方面易生氣激動，想起事情就不愉快，愛憂慮煩，對出現斑禿更為緊張，性情多急躁，脾氣倔強，不聽勸，好爭強鬥勝，一有任務就急於完成，易生悶氣，心情不暢。從古代的兩個病例來解釋所做的夢，有一定的困難，因為「鬼剃頭」的概念一般被認為是根深蒂固的，很少有人從醫學的方面去想問題。

從夢象來看，夢見古怪的人物而受驚嚇，只能說明不尋常的疾病會產生，這種疾病自己從來想都沒想過。腦神經受到刺激，會反映到各個神經末梢，而腦皮層傳感最快。這種疾病由於來得突然，一般患者沒有任何心理準備，在精神上受到刺激，而消除不良刺激是根治的關鍵，如果能解決不良情緒及性格的影響，斑禿不治也可痊癒。要使患者相信本病能完全治好。精神負擔是這種脫髮症的病根，因此，須找出致病的不良心理因素，並一一加以糾正，不要急於求成。醫務工作者的言行對患者影響較大，尤其是斑禿患者，因為他們有一種可以讓患者放心的力量。故而醫生在處理過程中應充分展現自己的修養及醫療水準。藥物有一定療效，但運用藥物時，仍然要注意驅「鬼」治療，因為心理因素才是病根，只要去掉了這個「鬼」，此病方可痊癒。

二、夢見花花草草，過敏性皮膚炎要來找。

好多患有過敏性皮膚炎的病人，都會在發病前夢到花草之類的植物。夢中他們常可以見到那些紅色的極其罕見的花朵，還有嫩綠色的小草，這類花草尤其大，跟其他

任何地方的都不一樣。做夢的人穿梭其中，東瞅瞅西望望，怡然自樂。

因為從夢境中出現的情形看來，花草暗示著皮膚上的那些紅色的斑點或小塊。患者在發病前做這樣的夢，其實就是皮膚在透過夢來提醒大腦，自己感覺「不舒服」了。過敏性皮炎一般是指皮膚由於外部刺激而產生的異常反應，致病的因素可能會是生物或藥物方面的刺激。部分過敏性皮膚炎患者的病因不明，突然發病，皮膚以紅疹及丘疹改變為主，有搔癢及灼熱感。

不過不用太擔心，通常這種病在短暫的時間內會自行消失，但症狀帶來的不良刺激讓人十分難受。如果條件允許的話，儘快接受藥物的治療，加快病情好轉，十分必要。一般的治療中，適當補充營養和水分、維生素等，可使恢復加快。對於可以導致皮膚過敏的藥物及塵埃花粉等盡量要避免接觸，發生皮炎之後，輔以藥物做局部外擦和內服中藥以除濕止癢，會儘快康復。

另外，過敏性皮膚炎患者一般個性比較敏感　焦慮，因此要避免自己陷入過度壓抑和憤怒之中，保持一個平和的心態，要堅強地去面對困難，不要有自卑感。特別

What a dream really means? You'll never know.

夢與現實相反嗎？你有所不知的 夢境大解析

是一些中年喪偶的人，工作和生活壓力比較大，這時候孤
獨感和焦慮會把人壓抑的喘不過氣來，此時要是再不小心
接觸到一些刺激皮膚的花草，就會出現輕度過敏性皮膚
炎，焦慮症加劇的時候皮膚炎的範圍也會相應增大。

三、夢中輕搖小船——蕁麻疹的警告。

　　根據《新周公解夢》中的說法，夢中搖船是表達非
常有信心的意思，相信自己的能力可以使事業飛黃騰達。
但是在醫學理論中，就沒有那麼樂觀，相反這是一個病
夢。船行於水上，水象徵著一種平靜，而搖船是認為的，
即人潛意識渴望在平安中度過。船行則水湧，水湧即有波
紋湧起，或水波翻動，即在正常的表面出現了認為的褶皺
突起塊。

　　將這個病夢對應於人體的身體之中，就是人的表面
因主觀或客觀的原因出現不同於正常的狀態，或者是腫
塊、或者是區域性的腫團，而蕁麻疹多由濕邪引發，夢中
遇見搖船就可以理解了。所以，夢見誰面上攪起水波之類
的事物，就要小心自己的皮膚出現這種病症。

　　蕁麻疹屬於皮膚病的一種，症狀是局部呈突發性白

色或淡紅色腫團，皮膚成塊成塊地紅腫、發癢，散發於皮膚各處，易迅速消散，不留任何痕跡，常常復發。嚴重者還伴有頭昏、心慌、噁心、嘔吐等表現。藥物、寄生蟲、血清、接觸性刺激物質、冷、人等，都能引起這種病。

四、夢見雨中嬉戲──皮膚搔癢症的前哨。

皮膚搔癢是一種常見的病症，在沒有寄生蟲及慢性疾病的因素時，不明原因的搔癢則是心理疾病。《夢診》一書中提到，一個三十多歲的皮膚搔癢患者，在其患這個病之前，常常會夢見自己又回到了童年。在夢中他經常和一個小男孩一起衝進雨水裡玩。在夢裡他覺得自己非常需要雨水沖洗一下身子，但實際上雨水卻把他弄得更髒，回家之後招致一頓臭罵。夢醒之後，這個人感覺非常難受，不久便感到皮膚搔癢，難以忍受。

這個患者實際上不是懷念童年的美好時光，這只不過是身上有了某種病態反應，身體發熱或者骯髒的感覺，就是在暗示身體表面出現病變。我們在日常生活中都有這樣體會：身上某處一旦有癢的感覺，如果不去想它，慢慢就沒事。如果越抓反而越癢，這就是心理因素所致。

　　不能忽視心理因素對這種病的影響，經常受壓抑或憤怒，也會讓皮膚病惡化。患有皮膚搔癢症的人，常常有負面心理，由於奇癢難忍，便引發一系列的惡性循環。搔癢　心煩　抓撓　癢感加劇　狠抓，如此迴圈下去，藥物內服外擦，反覆治療均告無效，這時就必須用心理治療。患者的癢痛感受都是同一種神經傳導的，只是衝動感受不一樣。內心矛盾，情緒變化，個性強，欲求過高不能達到，常常影響皮膚功能，使皮膚血管擴張，皮溫上升，會導致瘙癢加重。

　　由於心理因素的原因，皮膚搔癢症會反覆發作，加之病史長，所以要注意患者的心理疏導，進行放鬆訓練及綜合治療，提高患者對心理因素的認識，除去不良情緒，提高患者意志力，用意志控制抓搔，避免惡性循環，而逐漸痊癒。部分患者在抓搔過程中有愉快體驗，特別是會陰肛門處搔癢者，有的病人抓搔完全是有意識的，因為有愉快舒適的感覺。這種情況，一定要從心理上認識抓搔帶來的不良後果，養成好的習慣。

怪夢連連，
會引起高危險的病嗎

　　有時候，我們會做一些很離奇的夢，這些夢中蘊含著哪些問題呢？面對這些夢境，我們很好奇，那麼如何解決又如何解釋這些奇怪的夢呢？

一、夢裡見蜜蜂，別讓自己變「糖人」。

　　炳憶是北部某大學四年級的一名學生，由於眼下找工作較為困難，他平均每天在網上投兩百多份簡歷，有時一天要跑三個單位去面試，十分辛苦。炳憶看上去十分消瘦，可是這幾個月來食量驚人，據同學說，他一個人吃的飯相當於寢室三個人吃的那麼多。不但如此，他還時常感到口渴，很能喝水。

　　大家都覺得不太正常，炳憶那麼瘦怎麼能吃那麼多？找工作辛苦也不至於飯量那麼猛增啊？在大家的一致勸說下，炳憶找到了在醫院工作的同學小武。

　　「我最近飯量猛增，而且非常能喝水，嘴裡時常有

What a dream really means? You'll never know.

夢與現實相反嗎？
你有所不知的 夢境大解析

一股爛蘋果味，不知道是怎麼回事？」炳憶向同學小武問道。

「多長時間了？」

「大約三個月了，最近忙著找工作，我也沒在意。」

「最近睡眠怎麼樣？」小武微微皺眉。

「我最近睡眠不好，老做夢，常夢見蜜蜂在我面前飛來飛去的。我住的寢室後面有個小花園，花園裡也經常可以見到蜜蜂。」炳憶平靜地說。

「炳憶啊！恕我直言，你可能得了糖尿病，趕快去醫院做系統檢查吧！」小武無奈地說道。

炳憶大驚，連忙去醫院做血糖和尿糖的檢查。結果不出小武所料，炳憶果然得了糖尿病。小武是怎麼判斷出炳憶病情的呢？主要是根據炳憶這個奇怪的夢。小武解釋說，人的身體內糖分過多，夢中容易招引蜜蜂，就是神經潛意識的提醒。如果一個人看上去非常消瘦，可是食量十分驚人，很能喝水，並且做夢常夢見蜜蜂，這些蜜蜂在夢裡圍著他不停地轉，那麼這個人就應該去檢查血糖和尿糖了，十有八九便是糖尿病的徵兆，千萬別大意，否則就會

變成「糖人」。

　　糖尿病是由於體內胰島素絕對或相對不足而引起的以糖代謝紊亂為主的全身性疾病，主要分為 I 型糖尿病和 II 型糖尿病。典型臨床表現為多飲、多尿、多食和身體消瘦。糖尿病晚期常出現嚴重併發症，如糖尿病酸中毒、昏迷、感染、心血管病變、腎臟病變、神經病變、眼病變等。糖尿病具有極大的「堅韌性」，頑而不化，極高的發病率和極大的危害性使得其享有「沉默的殺手」這一盛名。

　　中醫講，糖尿病是由陰虛、飲食不節，或情志失調、勞欲過度等原因所致，由此表現出肺燥胃熱、腎陰虧損，發為消渴等症狀。要想不讓糖尿病影響我們的生活，同時遠離其引發的併發症危害，你就要十分注重飲食的作用。血糖與進食量的大小和食物種類密切相關，故而控制飲食是糖尿病治療的首要原則。

　　第一、少吃甜食和油膩食品。

　　糖尿病的主要病因是高血糖，因此患者飲食應以優質蛋白質即植物蛋白和粗纖維食物（蔬菜）為主，嚴格控制糖的攝入量，少吃含糖食物，如餐後甜品、蛋糕、哈密

瓜、香蕉這樣的甜水果都要少吃，而適宜選擇一些含糖量少、水分多的水果，如蘋果、杏子、不太甜的西瓜、柳丁等。

第二、飲酒會引起併發症。

酒是糖尿病患者的禁食之品，長期飲酒會惡化糖尿病病情。酒中所含的酒精在體內會產生大量熱量，而長期飲酒對肝臟也不利，並容易使血中甘油二酯（三醯甘油）升高。酒還可能與磺脲類藥物相忌，使患者出現心慌、氣短、面頰潮紅等不良反應；對使用胰島素的患者，空腹飲酒會引起低血糖。

第三、吸菸會使血糖上升。

吸菸能刺激腎上腺釋放更多的腎上腺素，使血管收縮，並抑制胰島素的分泌，使血糖上升。情緒波動吸菸是火上加油，促進血管收縮，腎上腺素分泌增加、血糖上升。

第四、食用含澱粉的食物會使血糖升高。

澱粉能使血糖升高，因此糖尿病患者忌吃馬鈴薯、甘薯、藕粉、栗子、粉條等澱粉含量高的食物。

第五、食用高蛋白食物會引起酸中毒。

因蛋白質中的氨基酸可在體內生成酮體而加重中毒，酸中毒對於糖尿病患者是相當危險的。因此，高蛋白飲食如烏雞、螺螄、牛奶、牛肉等對於糖尿病患者來說均不宜食用。

二、夢中足球比賽，一定要當心肌梗塞。

　　心肌梗塞是指心肌的缺血性壞死，為在冠狀動脈病變的基礎上，冠狀動脈的血流急劇減少或中斷，使相應的心肌出現嚴重而持久地急性缺血，最終導致心肌的缺血性壞死。發生急性心肌梗塞的病人，在臨床上常有持久的胸骨後劇烈疼痛、發熱、白血球數增高、血清心肌酶升高以及心電圖反映心肌急性損傷、缺血和壞死的一系列特徵性演變，並可出現心律失常、休克或心力衰竭，屬冠心病的嚴重類型。心肌梗塞的原因，多數是冠狀動脈粥樣硬化斑塊或在此基礎上血栓形成，造成血管管腔堵塞所致。此類病屬於急性病症，通常救治必須及時，否則就有可能發生猝死。夢的研究者認為，出現了預示心肌梗塞的病夢夢象時，一定要警惕，寧可信其有，不可信其無，立刻到醫院就診，以防不測。

　　席永君先生在《夢診》一書中，提到一位有長年心臟病史，並且急性心肌梗塞多次發作的男性患者，他做了這樣一個夢：

　　在西安市體育中心觀看一場足球比賽，進場前彷彿記得是一場友誼賽事，比賽開場僅數分鐘，足球不翼而飛，全球場均不見其蹤影。這時我剛好在觀眾席上，懷中揣著想要送給孫子的足球。為使比賽正常進行，所有球員均來借我的這個足球。我同意了。比賽再開始時，不知怎麼回事，我已經成了一名隊員在場上踢球。

　　所有人都對著我歡呼，當我神勇過人進球後，全場均在躁動。這時燈泡的顏色忽然成了紅色，連天空也變成是紅色的。有幾個觀眾衝上前來撲打，其中一個對著我的胸部猛踢一腳。我疼得大叫便醒了過來。時值半夜三點鐘，正好家中所有的急救藥剛好服用完，於是，我立刻叫起兒子陪同我上醫院。在買藥時急性心肌梗塞發作，當場送往急診室後得以脫險。

　　所以，一旦有心臟病史的人，就應該對自己的身體或夢象保持高度的警惕性，夢境是身體發出的一種健康信號，其往往能較早地預示疾病。這位「久病成良醫」的老

年患者，就破譯了夢境中的健康密碼，成功地將自己從死神的手中挽救回來。

　　他對人說，夢中被人踢了一腳，可能是自己的心臟疼了一下，時間竟又是在夢中，所以被喚醒後有清楚的印象。至於足球比賽場面，不過是說我之整體（足球場面）由於我之個體（夢中之我）的過度活躍而發生變化，這種病理上的直接對照就是心臟出現激動的情緒而使整個身體偏離平衡。而足球比賽的狂熱又是我本身具有輕狂躁動的性格所迎合的。心理在夢中經過如此提示，加之本來就有此病在先，再次引發就不足為奇了。由於他做了這個夢，他相信舊病可能又要發作，而剛好家裡又沒有藥，所以，就堅持要到醫院去，卻因此救了自己一命。

　　這位患者多麼幸運！固然醫院的及時搶救十分重要，但正確及時的救治應部分歸於夢的功勞。心肌梗塞的病人在發病前會出現心跳加快，臉色蒼白或潮紅，皮膚發冷，血壓上升，手掌及腳趾等部位出汗增多。另外，也可出現肌肉緊張發顫、腹肌收縮，胃有翻動感，有時雙拳緊握，姿勢僵硬等表現。在此病出現了三至四天後，因工作或人際關係緊張表現出的自尊心降低、沮喪、絕望和社會

活動能力降低等狀況，會加重病情。

　　對於有狂躁性格的病人要建議他少參加具有攻擊性和競爭性的活動，盡量避免過激行為；有半數病人有莫名的心理苦惱和長期虛弱，病後可能會再次導致抑鬱焦慮症，採取集體心理治療和催眠療法常能收到較好的療效。對從醫院預期回家有反應的病人，要說明其不是病情加重，以免造成睡眠障礙。

三、夢中腳步聲靠近，高血壓就在身邊。

　　我們先來看一個研究工作者的日記：我的父親是一名高血壓病人，他從大約十年前起就發現自己的某些病變，苦於一些客觀的原因，無法得以很好地治療。這種病屬於普遍性的疾病，上了年紀的人多有此病。動脈血壓超過正常值一定的範圍時可以說都是正常的，雖然普遍，但過於嚴重患者就會引起其它後果，所以應該預防和治療同時進行。

　　由於職業的原因，像我父親的教師工作以及客服員、領航員等工作中腦力活動頻繁，會造成高度緊張。另外社會治安不穩定的地方、經濟低下的地方，犯罪率就會

升高，這裡居民的血壓普遍升高。生活之中受到損傷或變化刺激等易致此病。如果是年輕患者，在受到威脅，長期處於應激狀態，會出現敵意、兇狠、好鬥的個性特徵。

記得以前回家，父親的病還是老樣子，他幾乎每次都要說他的病，我當然會認真聽的。他說到了夢，次次都說，且內容都幾乎相同。他說，我夢見晚上走路，有人從高處往下面撒沙子，撒得滿身都是，就像下大雨時的聲音一般。在夢裡隨處都可以聽見響動，在房裡聽見房梁在咯咯地響，櫃子和書桌就像老鼠在咬一樣地響，走在路上後面好像有人跟著，腳步聲很清晰；有時還聽見自己的頭腦有聲響，好像是誰用小錘子在敲打牆壁一般。

我以前不能夠對父親說些什麼，只是勸他注意身體，然後就是買藥來吃。後來我開始閱讀有關夢的、疾病的書，根據前人的理論自己再去認真探索，發現其中確實有著某些隱密的聯繫。我前不久回到家，曾仔細對父親講了一遍這個問題，並且說明他以前所夢見的東西，無非都是高血壓病引起的不良反應而影射在夢中，並不是什麼所謂的鬼神之類的東西。並且告訴他，凡是高血壓病人，無論他年紀大小，做的夢都和他的差不多，沒有必要去擔心

什麼。

　　從這則日記之中，我們能看到些什麼呢？夢中的這種腳步聲就是患者大腦受到刺激之後，經常做的夢，這種夢是可以參透病人的病情輕重和轉化趨勢的。一個健康的人做這種夢，也許有其他暗示意義，不要太過擔心，倘若是你已經得知自己是高血壓病人，那就要檢查一下自己的身體是否已經發生了重大病變。因為夢裡這種詭異的腳步聲到底在暗示著什麼，我們誰也不知道。為了防患於未然，還是做一個全面的檢查為好。

　　另外，高血壓病人除了要警惕自己的夢之外，還要在日常生活中注意一下幾個方面：

　　第一、忌情緒激動。一切憂慮、悲傷、煩惱、焦急等不良刺激及精神緊張和疲勞，可使交感神經興奮，血液中兒茶酚胺等血管活性物質增加，引起全身血管收縮、心跳加快、血壓升高，甚至可引起腦溢血。

　　第二、忌過度疲勞。過度疲勞可使高血壓、冠心病等疾病加重，抗病能力減弱。

　　第三、忌飲食過飽。飲食過飽易引起消化不良，發生胃腸炎和急性胰腺炎等疾病，同時因吃得過飽使橫膈肌

上移，影響心肺的正常活動。由於消化食物需要大量血液集中到胃腸道，心腦供血相對減少進而可能誘發中風。

第四、忌貪杯暴飲。過量飲酒特別是飲烈性酒會使血壓升高，老年人的肝臟解毒能力較差，也易引起肝硬化、胃黏膜萎縮、炎症和出血，故不可貪杯暴飲。

第五、忌血壓驟降。若血壓驟降，全身各組織器官的供血量都將不足，尤其是腦、心、肝、腎等重要器官，可因缺血缺氧而發生機能障礙，甚至造成嚴重後果。

第六、忌大便祕結。大便祕結時大便要憋氣使勁，這樣血壓就急劇升高，鬆勁時血壓又急劇下降，特別是蹲便時更容易出現這種大幅度變化，以致引起腦溢血和心肌梗塞。

而一旦確診的高血壓病人，在服藥時候也應該注意以下幾點：

第一、忌擅自亂用藥物。高血壓病人的藥物治療應在醫生指示下進行，按病情輕重和個體差異，分級治療。

第二、忌降壓操之過急。短期內降壓幅度最好不超過原血壓的百分之二十。

第三、忌單一用藥。

第四、忌不測血壓服藥。正確的做法是，定時測量血壓，及時調整劑量，維持穩定。

第五、忌間斷服降壓藥。

第六、忌無症狀不服藥。

第七、忌臨睡前服降壓藥。臨床發現，睡前服用降壓藥易誘發腦血栓、心絞痛、心肌梗塞。

四、夢中挖泥土，及時檢查你的肺。

根據中醫五行理論，肺屬金，而金被土所困，則表示肺除了問題。這方面一個比較詳實的案例就是前蘇聯著名醫學家瓦西里・尼古拉耶維奇・卡薩金接觸過的一個女病人，這個女病人反覆聲稱夢見自己被泥土掩埋，以致於難以正常呼吸。結果，兩個月之後該病人被確診為肺結核。

當然，卡薩金不懂中醫的陰陽五行理論，但是他也有著自己獨到的見解，並且他還是一位資歷頗深的醫學教授，《夢的理論》一書的作者。卡薩金這樣認為，這是大腦功能極有意義的一部分。它反映了大腦在人出現明顯疾症以前，感覺疾病並透過睡夢發出警告的能力。他把大腦

皮層的活躍細胞稱為「夢帶」，它記錄了人體「距離正常狀態的最微小偏差」。他認為，這一帶狀皮層上的腦細胞是極為敏感的，特別在夜深人靜，外界影響最小的時候，它可以反映非常微弱的生理變化，而這種變化在平時定難以感覺到。卡薩金堅信，對這樣的夢的全面認識和分析，會成為病情診斷極有潛在價值的手段。

像上面那位女病人的肺結核疾病，我們雖然目前已經由疫苗可以很好地進行控制，但還要做好防護工作，以防止類似的疾病在人群中擴散。具體做到以下幾點：

(一)兒童按時接種卡介苗。接種後就能增強免疫力，能避免被結核桿菌感染而患病。

(二)肺結核病人在咳嗽、噴嚏、大聲談笑時噴射出的帶菌飛沫會傳染給健康人，因此病人出門要戴口罩，不應隨地吐痰。病人的被褥、衣物要在陽光下暴曬兩小時消毒，食具、器皿應該分開使用。

(三)房間應該保持空氣流通、陽光充足，每天應開窗三次，每次二十至三十分鐘。

(四)對肺結核應有正確的認識，目前肺結核有特效藥，療效十分滿意。肺結核不再是不治之症了。應有樂觀

的精神和積極的態度，堅持按時按量服藥，完成規定的療程，否則容易復發。

(五)可選擇氣功、太極拳等項目進行鍛鍊，使身體的生理機能恢復正常，逐漸恢復健康，增強抗病能力。平時注意防寒保暖，節制房事。

(六)應戒菸禁酒。吸菸會使抗癆藥物的血濃度降低，對治療肺結核不利，又會增加支氣管痰液的分泌，使咳嗽加劇，結核病灶擴散，加重潮熱、咯血、盜汗等症狀。飲酒會增加抗癆藥物對肝臟的毒性作用，導致藥物性肝炎，又會使身體血管擴張，容易產生咯血症狀。

兩類夢對身體的影響

　　每個人都會做夢，就像我們都要吃飯穿衣一樣，我們經常聽說誰買了一件某某牌的衣服很好看，然後自己也去買一件；聽說誰去哪吃了什麼好吃的，然後自己也跑去吃一頓，但是卻很少聽說兩人做一樣的夢，或者聽說誰做了一個美夢，自己也按照相同的樣子去做了一樣的夢。

　　這裡就首先要瞭解喜夢和噩夢。

　　喜夢就是能帶給人幸福感的夢，不管這種幸福感是喜悅也好，滿足也好，或是願望達成等等，在人一覺醒來之後，這些夢都會帶給人美好幸福的感覺。反之，噩夢就那些不能帶給人們幸福感的夢，在夢裡出現的情緒大多比較驚恐、悲傷、憤怒等等，讓人身心不悅，這些夢在當事人醒來想起後會有不悅的情緒，可能夢中的悲傷、驚恐、憤怒等情緒會一直延續到現實中。

　　夢的組成有很多部分，就像一幅很大的馬賽克圖畫，這裡有開心的、悲傷的、平和的、憤怒的等各種情

What a dream really means? You'll never know.

夢與現實相反嗎？
你有所不知的 夢境大解析

緒，每一天的經歷各不相同，所以每一天的夢就也各不相同，就算兩天內經歷同樣的事情，但是由於關注的點不一樣，夢境也可能不相同。喜夢和噩夢的產生也跟這個有關聯。

喜夢和噩夢都是身體接受刺激產生的大腦附著物釋放的一個過程，是正常的現象。這與一個人的承受能力有關係。對於一個小嬰兒來說，突然大叫會驚嚇到他，這種驚嚇對於他未發育完全的大腦來說影響十分巨大。大腦承擔不了龐大的壓力，就要不斷向外釋放，所以這個嬰兒可能在接下來的一段時間內，都會在睡夢中表現出受驚嚇的啼哭，甚至在醒著的時候也會突然害怕，哭個不停，那是大腦在向外釋放壓力的表現。但是，如果這種情況換做發生在一個成年人身上，他的朋友突然對著他大叫，可能不至於被驚嚇，然後低低的咒罵一聲，這件事情也許就過去了，不會再產生長期的影響，更不會有連續幾天的噩夢，因為他的心裡承受能力和大腦抗壓能力已經能夠很快地轉移化解這點驚嚇。

喜夢和噩夢的產生就成因來講，喜夢的成因相對簡單，心情舒暢，遇上了開心的事情就會做讓人身心愉快的

223

夢，噩夢產生的原因就相對要多一些、複雜一些。

首先是來自身體上的不良刺激，比如人們小時候淘氣，經常會爬上爬下，亂跑亂跳，難免磕磕碰碰，這種身體上的疼痛就會在腦海中產生記憶，大腦會再將他們釋放出來。如，小時候常常做夢從樓梯上掉下來或是摔倒，然後突然身體會突然抽動一下。這正是證明了夢是大腦對刺激產生的分泌物的一種釋放，因為小孩的好動和不太健全的協調能力使得他們總是摔倒或受到其他傷害，因此他們的夢中容易重現相似的場景。

其次是來源於精神上的不良刺激。比如上班族在一段時間內精神比較緊張，工作壓力比較大，上班疲勞，老闆的要求苛刻。那麼，他的夢中就很可能還是在辦公室內緊張忙碌的工作，等等。這樣的情緒和夢境是相互影響的，很容易陷入一個惡性循環，所以要調節好自己的心理狀態和情緒。

有的人會說，我的身體狀況也很好，也沒有什麼不良的情緒，為什麼還是會做噩夢呢？其實大腦釋放的不一定是你當天產生的不良刺激，也有可能是以前甚至是很多年以前的留下的陰影。此外，不好的睡眠姿勢以及睡眠中

產生的一些不良刺激也會使你的夢變得不太美好。如你本來正在做一個美夢，漫步在大草原，碧草藍天，但是此時夢境外，你的腳滑出被子外面，漸漸冷了起來，可能夢境中的你就會突然踏進了冰天雪地中。

　　喜夢噩夢並不是絕對的、無法變化的，但是還需要注意身體健康，調節好自己的心態，這樣才會營造一個健康的生活環境。美夢入眠，第二天才會神清氣爽，事半功倍。

夢少的負面效應

　　夢是大腦釋放空間的一種方式。中國人講究的是「中庸之道」，凡事要有張有弛，如果白天的緊張生活是一個人的「張」，那麼晚上的夢境就是所謂的「弛」，鬆弛有度才是健康的生活。

　　凡事都要符合客觀規律，夢也一樣，白天的時候，夢不太可能出現，因為這時候，人們由於工作和學習的原因，大腦處於緊張狀態，人體的主觀意識很強，而夢境是潛意識較強的時候才會出現。但是到了晚上休息的時候，或是精神比較放鬆的時候，這個時候，人體的潛意識就占了主導地位，所謂的精神比較放鬆的狀態不僅僅是指晚上睡覺的時候，在非睡眠時期，如果人的精神處於一個比較放鬆的狀態，思想依然會放空，不知道游離到哪裡，這也就是我們所說的「白日夢」。

　　不管是白日夢還是睡眠時候做的夢，都有利有人們的身體健康，前者是讓大腦在緊張的環境下，得到一絲放

鬆，左側大腦從語言區中得到解脫，右側大腦開始幻想，這是兩側的大腦相互的張弛結合。

而睡眠中的夢，不僅是前面說過的，一種大腦釋放分泌物的方式，一種排解壓力的方法，夢還有一個作用，就是夢中的影像可以反映你的健康狀況。因為夢是多個器官對外界的刺激產生的分泌物在大腦中積壓後的釋放，也就是說，是多方面釋放的集合。若一個人的夢境中只有圖像沒有聲音，那麼很可能這個人的聽覺系統出現了一些問題；或者一個人的夢境中沒有色彩，那可能是這個人的眼睛有什麼病症。

所以，一個人的睡眠中一定要有夢，這樣才符合張弛結合的規律，精神才能得以放鬆，才有利於自己的身心發展，才是一種健康的表現。

那麼睡眠中如果沒有夢會怎樣呢？一些研究者為了探求夢境對人類的影響，想出了幾種辦法讓人們的睡眠中沒有夢，這樣就能看出夢對於人類的健康有怎樣的重要性。

研究人員採用了三種方式干預被試者的睡眠，以破壞他們的夢，分別是全睡眠剝奪、部分睡眠剝奪和選擇性

睡眠剝奪。

　　所謂的全睡眠剝奪，就是被試者完全沒有睡眠。而選擇性睡眠剝奪和部分睡眠剝奪相似，是在被試者即將進入睡眠的時候，將其叫醒，保持兩、三分鐘的清醒後在允許其繼續睡眠。或者是利用藥物進行睡眠剝奪。

　　不管是哪一種實驗方法，結果都向我們展示了睡眠中夢境的驚人作用，其中以全睡眠剝奪的被試者表現最為明顯，在睡眠被剝奪的初期，被試者會產生一些不適，這是正常的生理習慣被改變後的反應，但是當睡眠被持續剝奪超過一百小時的時候，被試者就會出現嚴重的不良反應，很多人精神渙散，沒有辦法集中注意力；有的人一言不發，有的人則是歇斯底里。說到這裡，想起自古就有的一種刑罰，就是不讓犯人睡覺，這樣幾天過去，犯人的意識完全不受控制，很可能問什麼就說什麼很容易突破。

　　而進行選擇性睡眠剝奪和藥物睡眠剝奪的被試者，在重新投入睡眠的時候都不會很快進入深度睡眠，而一段時間的試驗後，當不再對他們進行睡眠干擾的時候，他們會立刻進入快眼動睡眠，就是深度睡眠。另外相同的是表現在睡眠被影響後的結果上，比如反應遲鈍，記憶力差，

這是常會遇到的，在為了某項工作或是其他原因熬夜甚至連續熬夜後，我們常常難以集中精力去判斷什麼事情，常常會恍惚。有的被試者還會出現食欲異常、亢奮、焦慮或者與之相反的低落、興奮等情緒，有人的會減弱對攻擊的反應和抵抗，而有人的攻擊性會比平時增強。透過探測可以發現，他們的深度睡眠進行得很快，幾乎可以立刻進入。恢復正常睡眠的日子裡，上述的症狀逐漸消失，恢復正常。所以，有夢的睡眠，深度睡眠，對人類健康是很重要的。

另外，除了健康以外，快眼動睡眠對於人類個體的發展也是很重要的。因為嬰兒出生時，很多身體的發育並不完善，大腦就是其中的一個。這個時期的人要有充分的快眼動睡眠，這也就解釋了為什麼很多小孩子睡覺的時候很不老實，因為他們的夢比較多，這個時期的孩子需要記憶的很多，什麼對於他們來說都是新鮮的，所以大腦要不停的為新的資訊騰出空間，也就會不停的製造夢。這樣才能讓至關重要的大腦得到良好的生長。

睡眠中的夢還可以轉化人們大腦中的或是身體上的刺激，這是一種排遣的方式。我們經常會有這樣的感覺，

睡覺之前有時因為一些事，產生一些負面情緒，像生氣、悲傷等，帶著這種情緒入睡的人，大部分會製造出一個有這種情緒的故事情節的夢。在夢中，他們悲傷或是生氣的情緒會在一個人或是一件事情或是一個物體上發洩出來，這樣在起床之後，往往會有如釋重負的感覺。所以不管怎麼說，有夢的睡眠才是健康的，反而言之，不做夢或者夢很少的人，大腦就很少或者根本不向外釋放分泌物，這樣久而久之，大腦佔用的部分太多，會減緩這個人的反應速度，因為一些負面的情緒難以透過夢這一個管道得到排解，這樣的人精神也比較緊繃，壓力比較大。

Chapter 4
關於愛情

What a dream really means?
You'll never know.

夢見愛代表什麼

男人夢見陷入女人的情網，災難會臨頭。

少女夢見被自己愛戀著的男人，父母會阻撓自己的婚事，心中會產生無盡的憂愁。

夢見自己所愛的人卻不愛自己，生活會成功。

夢見喜歡孩子，家裡會發生令人擔憂的事情。

夢見戀人代表什麼

　　夢見因風流伴侶而獨自傷心的景象，預示由於除目前所從事的事情以外又開始了新的事情，需要擴張事業或轉換部門。

　　夢見自己有意中人但卻跟別人結婚，與對象死別的可能性很高。不但是對象，做夢的你也有可能面臨危險。

　　夢見自己有伴侶，但卻由別人充當自己老公或妻子的夢，這是告知自己的伴侶出現越軌的行為的夢。

　　夢見伴侶與陌生的異性竊竊私語，仔細傾聽原來是在說自己而感到不愉快的夢，暗示你的伴侶已經有了情人。

　　夢見伴侶向你說話，但你卻不回答，暗示由於夫婦之間的交流很少，對方對自己的冷漠極度不滿的意思。

　　夢見成了伴侶冷戰的對象，這是在伴侶的健康上有異常情況發生的徵兆。

　　夢見抱住趕赴戰場的愛人痛哭，這是意味著與愛人

分手。如果在夢中痛哭，表明對分手的痛苦已經做好了心理上的準備。

　　夢見與愛人發生性關係，有可能兩人之間發生誤會，也有可能出現關係緊張或疏遠。

　　夢見與愛人擁抱時看到對方的表情，感覺非常害怕，這是暗示愛人有了別的戀人，與自己的關係逐漸疏遠的夢。

　　夢見愛人身上滿是鮮血，不說一句話地走向自己，暗示自己的身邊潛伏著危機。但是，如果愛人無情的對待你或離你而去，反而是個祥夢。

　　夢見面無表情的看著自己的愛人被別的女人帶走，現實中苦惱的事情在貴人的幫助下得以解決或獲得成果。

　　夢見愛人掉進河裡求救，但自己卻在猶豫不決，從事的事情陷入困境或陷入陰謀中的狀態。

夢見情人代表什麼

　　夢見與情人爭吵，人際關係籠罩著陰影。好友之間可能產生糾紛。

　　夢見與情人談情說愛，愛情運下降。

　　夢見與情人接吻，將產生性方面的煩惱。

　　夢見情人送你禮物，愛情運急速上升。

　　夢見情人向你表達愛意，情敵出現的可能性極大。

　　夢見情人與別人顯得很親密，精神方面的健康狀況下降。

　　夢見與情人離別，錢運好轉。

　　夢見向情人表達情愫，愛情方面很順利。

　　女人夢見丈夫的情婦，則意味著自己能重新贏得丈夫的歡心。

　　夢見妻子或情人的畫，會與她分離。

　　夢見已經分手的情人，表示一些消極的態度，和令你困擾的人際關係。

在夢中和已經分手的情人關係很差，代表你的人際關係會轉好，還有你和對方的關係有可能以另一種形式出現。

　　在夢中和已經分手的情人關係很好、相處得很開心，是反映了你現在寂寞的心態。

　　在夢中和已經分手的情人結婚，則代表你和他的關係已經劃清界線。

夢見初戀情人代表什麼

表示一些消極的態度，你將因人際關係而一籌莫展。

如果在夢中和對方關係很差，人際關係將一點點好轉起來，你和對方的關係可能會出現嶄新的格局。

如果在夢中和對方關係很好、相處得很開心，這個夢說明你現在很孤獨。

如果在夢中和對方結婚，則代表你和他的關係已經分得很清楚，你已經下定決心了。

夢見初戀男友，預示著自己對目前的生活不滿意。

單身女孩夢見初戀男友，意味著自己非常想找一份愛情。

已婚女孩夢見初戀男友，對現在的婚姻不滿意。

夢見約會代表什麼

夢見「約會」暗示你現在的戀愛將會發生變化。

如果你夢見和異性朋友約會。這暗示你現在的戀愛將會產生變化。

若是夢到在海邊或山上等戶外約會的話，表示對方對你的愛逐漸增高。若是夢到看電影或去電影院的話，表示你長久的單戀將會有結果。

若是夢到在遊樂場或公園約會的話，表示會有喜歡的人接近你。

若是夢到在美術館或博物館約會的話，代表你可能會認識現在喜歡的男孩以外的對象。

若是夢到在餐廳或咖啡館的話，代表你的心情似乎正逐漸在覺醒當中。

若是夢到在街上走的話，或許會收到意外的人對你的告白。

夢見與戀人約會，預示夢者愛情將有圓滿的結果。

夢見親吻代表什麼

接吻克敵。接吻代表了人與人之間美好的感情，代表了愛，這是解決所有矛盾最好的武器。

夢見接吻，就意味著矛盾的解決。

夢見吻陌生人，意味著憑藉自己的品德，能得到廣泛的支持和擁護，最終征服敵人。

夢見吻自己的敵人，則意味著雙方很快就會和解。

夢見吻戀人，意味著雙方的矛盾和糾紛都能得到解決，感情會更深厚，很快就會結合。

年輕人夢見與戀人接吻，是祥瑞，很快要結為伉儷。

夢見吻自己的妻子和孩子，則意味著在家庭中沒有很好盡到一家之主的責任，對他們過度地縱容，並沒有用真心去疼愛他們，需要對自己有所反省。

夢見和外國人接吻，能征服敵人。夢見和不熟悉的人接吻，會陷入敵人的圈套。在夢中和暗戀的人接吻，或像情人一般的交往，代表你和他能成為情人的機會很小。

夢見與戀人擁抱代表什麼

　　夢見與別人擁抱，是不祥之兆。

　　女人夢見和男人擁抱是好事。但女人夢見躺著摟抱著男人，會臭名遠揚。

　　夢見與很多人一個地擁抱，權利會更大。

　　男人夢見女人摟抱在一起欲火正旺。

　　夢見與戀人擁抱，意味著夢者心中希望得到的東西沒有得到。

　　夢中擁抱第三者，暗示夢者家中可能會有小矛盾。

夢見戀人騎馬代表什麼

　　這樣的境顯示出著戀愛或結婚，已婚者期待風流事，未婚者期待新戀。

　　夢見戀人策馬而行，將遇到經營上的瓶頸。

　　夢見戀人從坐騎上摔下來，是不祥之兆。

　　夢見自己從馬背上摔下來，要去參加戰爭。

夢見與女友買電視代表什麼

買電視是一項比較重大的家庭消費活動。夢中與女友一起買電視，是想拉近與女友情感距離的象徵。

還在校園讀書的男生夢見與女友買電視，預示著夢者為了與女友拉近距離，即將出現經濟上的危機。

剛工作不久的男孩夢見與女友買電視，預示著夢者感情將進一步發展，有聯姻的可能。

已婚男子夢見與女友買電視，預示著夢者夫妻間存在著矛盾，希望第三者出現。

What a dream really means? You'll never know.

夢與現實相反嗎？你有所不知的 夢境大解析

夢見收到情書代表什麼

　　正在與戀人鬧矛盾的人夢見收到情書，意味著夢者想和對方和解。

　　熱戀中的人夢見收到情書，預示著雙方彼此都很坦白，瞭解程度將進一步加深。

　　已婚的人夢見收到情書，預示著夢者會珍惜面前的好日子。

夢見被男人強吻代表什麼

　　夢見被男人強吻，強吻是在他人不願意的狀況下的強行親吻。對女孩來說，這是一種暴力行為，夢中的強吻，是渴望被愛的象徵。

　　未婚女士夢見被男人強吻，是性的萌動的象徵，意味著不久會有意中人出現在夢者生活中。

　　已婚女士夢見被男人強吻，意味著夢者存在夫妻生活的困惑，要與老公進行溝通。

　　已婚女士夢見被曾經的戀人強吻，意味著夢者對戀人還有一絲絲留戀，但是卻處在被動地位。

夢見求婚代表什麼

　　青年女子夢見有人向自己求婚，或夢見自己的情人向自己求婚，暗示夢者雖忠誠於愛人，但卻不知道他的真實想法，困惑不已。

　　青年男子夢見向自己心愛的女人求婚，表明夢者不知怎麼向這位心愛的女孩求愛。

　　已婚男女夢見夫妻以外的男人或女人向自己求婚，意味著夢者想有不軌行為。

夢見婚約代表什麼

　　夢見退婚的約定，意味著夢者對愛人不太信任，尤其是錢財方面。

　　夢見自己的兄弟姐妹訂婚或退婚，意味著夢者和他們不分你我。

　　夢見訂婚的婚約，意味著夢者感情不順。

 # 夢見結婚代表什麼

　　夢見和老人結婚，暗示夢者受到家人的信任，將得到遺留下來的財產。

　　青年女子夢見自己嫁給另一個男人，意味著自己的婚姻大事會和至親的喪事相沖，需拖後。夢見好友結婚，意味著夢者會有親密的人不忠於自己。

夢見婚禮代表什麼

夢見自己成為主婚人，暗示夢者會晉升，收入增加。

夢見自己身穿結婚禮服，說明夢者想透過自己的奮鬥實現夢想。

男人夢見與兒時的一位夥伴結婚，表示自己的愛人與朋友中的某人性格脾氣很像。

夢見花轎代表什麼

夢見花轎，如果是自己坐在花轎裡，喜事將近。
夢見已婚的人坐花轎，會離婚。

夢見男友吵架代表什麼

夢見與男友吵架，生活會幸福。
夢見男友頂嘴，吉兆，愛情會甜如蜜。

夢見蜜月代表什麼

　　已結婚的人夢見以前度蜜月的日子，表明自己想挽回過去的美好感情。

　　喜歡某個人，但沒確定戀愛關係的人夢見在度蜜月，提醒夢者要釐清思路，才能戀愛。

夢見裸體代表什麼

夢見自己在街上裸體，表示夢者想真誠的向他人坦露自己。

夢見自己獨自一個人裸奔，說明夢者想宣洩情感。

夢見誕生代表什麼

已婚的女性夢見自己的孩子誕生，暗示好事將到。

未婚女性夢見生小孩，提醒夢者要聰明些，別被壞人蒙蔽。

夢見懷孕代表什麼

女性夢見自己懷孕，表示愛人收入會猛增。

男性夢見妻子懷孕，暗示有飛來橫財。

女人夢見男人懷孕，意味著那個人將供養她。

夢見離婚代表什麼

夢見離婚，意味著夢者一切順利。

已經結婚的人夢見離婚，表明渴望踏實美好的家庭生活。

夢見前男友代表什麼

在夢境中你重新對你過去的男友吐露心聲。潛意識在提醒你要思考，不要走回頭路。

夢見夫妻吵架代表什麼

夢中夫妻吵架，預示著工作順利，家庭生活良好。

男人夢見和妻子爭吵，預示夢者家庭生活美好。

女人夢見和丈夫爭吵，暗示會有一男嬰出產。

i-smart

智學堂
智慧是學習的殿堂

★ 親愛的讀者您好，感謝您購買 夢與現實相反嗎？ 你有所不知的夢境大解析 這本書！

為了提供您更好的服務品質，請務必填寫回函資料後寄回，
我們將贈送您一本好書（隨機選贈）及生日當月購書優惠，
您的意見與建議是我們不斷進步的目標，智學堂文化再一次
感謝您的支持！
想知道更多更即時的訊息，請搜尋"永續圖書粉絲團"

您也可以使用以下傳真電話或是掃描圖檔寄回本公司電子信箱，謝謝！

傳真電話：　　　　　　　　　　電子信箱：

（02）8647-3660　　　　　　yungjiuh@ms45.hinet.net

姓名：_____ ○先生 ○小姐　生日：_____　電話：_____

地址：_____

E-mail：_____

購買地點（店名）：_____　購買金額：_____

職　　業：○學生　○大眾傳播　○自由業　○資訊業　○金融業　○服務業　○教職
　　　　　○軍警　○製造業　○公職　○其他_____

教育程度：○高中以下（含高中）　　○大學、專科　　○研究所以上

您對本書的意見：☆內容　　　　　　○符合期待　○普通　○尚改進　○不符合期待
　　　　　　　　☆排版　　　　　　○符合期待　○普通　○尚改進　○不符合期待
　　　　　　　　☆文字閱讀　　　　○符合期待　○普通　○尚改進　○不符合期待
　　　　　　　　☆封面設計　　　　○符合期待　○普通　○尚改進　○不符合期待
　　　　　　　　☆印刷品質　　　　○符合期待　○普通　○尚改進　○不符合期待

您的寶貴建議：

請沿此虛線對折免貼郵票，以膠帶黏貼後寄回，謝謝！

智慧是學習的殿堂

永續圖書線上購物網
www.foreverbooks.com.tw

i-smart